Kohlhammer

Perspektiven auf Gesellschaft und Politik

Herausgegeben von Thomas Hauser, Prof. Dr. Tanjev Schultz, Prof. Dr. Guido Spars und Prof. Dr. Daniela Winkler

Eine Übersicht aller lieferbaren und im Buchhandel angekündigten Bände der Reihe finden Sie unter:

https://shop.kohlhammer.de/pgp

Gunther Hirschfelder (Hrsg.)

Wer bestimmt, was wir essen?

Ernährung zwischen Tradition und Utopie, Markt und Moral

Verlag W. Kohlhammer

1. Auflage 2022

Gesamtherstellung: W. Kohlhammer GmbH, Stuttgart

Print:
ISBN 978-3-17-041674-1

E-Book-Formate:
pdf: ISBN 978-3-17-041675-8
epub: ISBN 978-3-17-041676-5

Inhalt

Essen heute: Praktiken, Diskurse, Widersprüche

Gunther Hirschfelder

In Europa und vor allem in Deutschland war die Versorgung mit Essen noch nie so einfach: Lebensmittel sind im geschichtlichen und im räumlichen Vergleich außerordentlich leicht verfügbar, sicher und preiswert. Würde ein Mensch des Mittelalters heute durch Fußgängerzonen oder Einkaufszentren schlendern – er würde sich im Schlaraffenland wähnen. Gleichzeitig scheint Essen zunehmend kompliziert; Ernährung ist zum Politikum mutiert. Wer sich zu Bratwurst oder Steak bekennt, läuft Gefahr, dass sich andere angegriffen fühlen, und auch die Vorliebe für Kunstfleisch-Burger oder Sojamilch hat programmatischen Charakter.

Wenn es um Essen in Deutschland geht, können alle mitreden, denn jeder Mensch isst und trinkt täglich, sein ganzes Leben lang. Besteht die ganze Bevölkerung deshalb aus Expertinnen und Experten? Das glauben viele, aber Experten sind wir noch nicht einmal für die eigene Ernährung, geschweige denn für die des ganzen Landes. Die Situation ist unübersichtlich. Seit langer Zeit macht die Rede von der *Consumer Confusion* die Runde – der Verbraucherverunsicherung. Tatsächlich sind aber nicht nur die Verbraucher verunsichert, sondern alle: die Politik ebenso wie die Agrar- und die Ernährungsbranche, die Ernährungsbildung oder auch die Ernährungsforschung. Oder weiß jemand verlässlich, wie eine Ernährung funktioniert, die den Spagat zwischen physiologischen, psychologischen, politischen, ökonomischen, ökologischen und vor allem auch kulturellen Determinanten schafft? Eine Ernährungslehre, die nicht nur verordnet, sondern auch gerne umgesetzt wird? Offenbar nicht – und auch das vorliegende Buch kann und will dies nicht leisten, denn beim Blick auf die Ernährung der Gegenwart und die der Zukunft zeigt sich eine Gleichung mit (zu) vielen Unbekannten.

Wenn aber keine Lösung präsentiert werden kann, was dann? Es geht in einem ersten Schritt darum, den Ist-Zustand der Ernährung kritisch darzulegen und zu reflektieren: Welche Faktoren wirken auf den Komplex der Ernährung? In welchem Spannungsfeld bewegen sich jene, die Lebensmittel produzieren oder konsumieren? Dabei sei vorausgeschickt, dass der Autor der vorliegenden Zeilen nicht für oder gegen irgendeinen Produktions- oder Ernährungsstil ist, sondern für die Auswertung von Daten – freilich auf wissenschaftlicher Ebene und in einem freiheitlich-demokratischen Kontext und somit bekennend, dass die Freiheit des Einzelnen immer nur so weit geht, wie die Freiheit der Anderen dies zulässt, und dass Produktionsbedingungen und Ernährungsstile eng mit Nachhaltigkeit und planetarer Zukunftsfähigkeit verzahnt sind.

Nach einem einführenden Problemaufriss kreisen die Autorinnen und Autoren, denen an dieser Stelle besonders gedankt sei, das Themenfeld ein: Welche historischen Prägekräfte wirken auf die Gegenwart? Wie viel Macht hat das Lebensmittelbusiness, welche Rolle spielt es in der deutschen Wirtschaft und wie frei sind Individuen tatsächlich in ihren Konsumentscheidungen? Warum steht die Ernährungsindustrie so oft am Pranger? Wie funktionieren Skandale und Skandalisierungen? Es folgen Analysen der Ernährungspolitik, der Rolle des Essens in den Medien und der globalen Verwobenheit unserer Lebensmittel, ein Ausblick auf die Zukunft der Ernährung und eine Zusammenschau.

Heile Welt auf dem Teller? Die Prägekraft der Tradition

Strukturell ist Esskultur konservativ, also bewahrend. Das liegt einmal daran, dass Menschen eine regelmäßige Zufuhr von Nährstoffen benötigen, die abhängig von Alter und Geschlecht zu etwa 50 bis 65 Prozent aus Kohlenhydraten bestehen sollte, zu 15 bis 25 Prozent aus Eiweiß und zu 20 bis 30 Prozent aus Fett. Abhängig von Alter und Geschlecht liegt der Energiebedarf ungefähr zwischen 1600 und 2500 Kilokalorien pro Tag, und wer körperlich schwer arbeitet oder intensiv Sport treibt, braucht leicht 4000 Kilokalorien oder mehr. Diese Bedarfe unterliegen keinen Moden, sondern sind durch unsere Körperlichkeit determiniert. Neben der physiologischen Zwangsläufigkeit bestimmen weitere Bedingungsfelder, was gegessen wird: Die Palette reicht vom Klima und der Geografie über die Ökonomie und die Kommunikationsstrukturen bis hin zu Tradition und Religion. Diese äußeren Einflussfaktoren können wir als Makroebene der Ernährung bezeichnen.

Wer allerdings gerade einkaufen oder essen möchte, macht sich diese strukturellen Parameter in der Regel nicht bewusst – damit sind wir auf der Mikroebene der Ernährung angelangt. Auf dieser Ebene spielen kulturelle und psychologische Determinierungen eine maßgebliche Rolle, denn zwischen der Notwendigkeit der Nahrungsaufnahme, die sich als Hungergefühl äußert, und der Befriedigung dieses Bedürfnisses steht das kulturelle System der Esskultur. Wesentliche Prägekraft dieses Systems ist zunächst die Tradition: Esspraxen werden im Laufe des Lebens erlernt, und ihnen kommen viele Funktionen zu. Das gemeinsame Mahl ist wesentlicher Ort der Sozialisation, beim Essen werden soziale Bindungen ausgehandelt, hier finden Rollenzuschreibungen statt, auch Hierarchisierungen. Freilich war das in der Vormoderne bis ins 19. und zum Teil sogar bis ins 20. Jahrhundert hinein stärker ausgeprägt: Damals bedienten sich in agrarisch strukturierten Regionen Großbauer und erster Knecht bei Tisch oft zuerst, dann die Bäuerin, danach die größeren Jungen und zum Schluss Mädchen und Alte. Noch in der Mitte des 20. Jahrhunderts gab es vielerorts an Werktagen nur für den Vater prestigeträchtiges und teures Fleisch, nicht aber für Frauen und Kinder. Aber auch heute ist am Esstisch noch immer die Frage von Belang, wer Deutungshoheit über das hat, was gegessen wird: Können sich Jugendliche mit ihren Konzepten von veganer Kost hier durchsetzen oder führen andere Ansichten über das Essen zu Konflikten? Gibt es soziale Gemeinschaften, in denen patriarchale Vorstellungen auch über den Essalltag bestimmen? Wir wissen es nicht genau.

In jedem Fall ist Tradition auch weiterhin stark prägend, denn Essen verleiht emotionale Sicherheit. Daher nimmt es nicht wunder, dass die Werbung mit Traditionsbildern arbeitet, mit Frakturschriften, mit Versprechen von einer heilen bäuerlichen Welt, die es so nie gegeben hat, mit Eintopfgerichten, die Traditionen eher erfinden als abbilden.

Auch für Individuen spielen eingravierte Muster eine große Rolle, denn beim Essen werden Geschmackserinnerungen abgerufen. Menschen hegen eine Vorliebe dafür, Dinge zu essen, die sie an eine sorgenfreie, geborgene Zeit erinnern, an die schöne Kindheit. Ob Kartoffelsalat mit Bockwurst, Brötchen mit Schoko-Creme oder das türkische Frühstück »Kahvalti« – den Geschmack der Kindheit wird niemand so leicht los, es sind dies die schwersten Gepäckstücke in jenem kulturellen Rucksack, der uns durch das ganze Leben begleitet. Bei einer Feldforschung in der Kantine der orthodoxen Synagoge in Budapest traf ich im Herbst 2021 einen Geschäftsmann, der mir erzählte, er sei nur gekommen, um einfach einmal wieder »Knaidlech« zu essen, Suppe mit Matzeknödeln, die für ihn Sinnbild seiner Kindheit sind. Dieser Effekt kann natürlich auch umgekehrt funktionieren: Speisen, die man in Momenten von Angst und Stress gegessen hat, werden später häufig gemieden.

Abb. 1: Speisen können eng mit individuellen und kollektiven Erinnerungen verbunden sein. Hier: Matzeknödel, ein beliebtes Suppengericht in der ostjüdischen Küche (Quelle: Gunther Hirschfelder).

Essen hat oft auch Symbolcharakter, selbst wenn sich die Essenden dessen gar nicht bewusst sind. Lebensmittel werden eben nicht beiläufig gekauft, vielmehr sind Erwerb und Verzehr Resultate von Reflexions- und Kommunikationsprozessen. Dabei hat die tragende

Abb. 2: Trotz des Trends zu einer fleischlosen Ernährung ist der Fleischkonsum in Deutschland nach wie vor hoch. Hier: Schweinehälften (Quelle: Lars Winterberg).

Rolle psychologischer Faktoren nicht zuletzt zur Folge, dass das Nahrungsverhalten häufig widersprüchlich ist: Sich auch nach den eigenen Überzeugungen konsequent optimal zu ernähren, bedeutet, in der Einkaufssituation viele Parameter berücksichtigen zu müssen. Das überfordert viele, zumal Hunger und Lust auf Leckeres sich lautstark zu Wort melden. Daher essen die meisten Menschen anders, als sie es sich wünschen. Wirft man etwa einen Blick auf den Fleischkonsum in Deutschland, so steht dieser in Kontrast zum medial dominierenden Ideal eines pflanzenbasierten, nachhaltigen und tierethisch motivierten Ernährungsstils: Tatsächlich verzehrten die Deutschen laut dem Bundesinformationszentrum Landwirtschaft im Jahr 2020 pro Kopf gut 57 Kilogramm Fleisch – im Vergleich zur Mitte der 2010er-Jahre ist der Konsum zwar um gut drei

Kilogramm gesunken, dennoch verharrt er auf einem markant hohen Niveau. In der Tat weist der Fleischkonsum Beharrungskräfte auf: Einerseits spricht der Trend gegen das Fleisch, denn gerade viele Jüngere lehnen Fleisch- und Milchprodukte vehement ab und präferieren aus Gründen der Tierethik und der Nachhaltigkeit einen vegetarischen oder veganen Ernährungsstil; anderseits liegen die Divergenzen zwischen Ernährungsidealen und -praxen nicht zuletzt in der tradierten Wertigkeit und Symbolkraft des Fleisches begründet, denn bis ins letzte Drittel des 20. Jahrhunderts wurde es vor allem mit Wohlstand, Gesundheit und einem erfüllten Leben assoziiert. Obgleich Ernährung häufig kognitiv reflektiert wird, ist und bleibt Essen ein hochgradig emotionaler Akt, der auch der Prägekraft der Tradition unterliegt – gerade in Zeiten von Belastung und Stress.

Der bittere Geschmack der Vertrauenskrise

Der Stress ist heute besonders groß, denn die Gesellschaft erlebt eine fundamentale Transformation: Globalisierung, Digitalisierung, neue Mobilitäten und vehement aufgetretene Krisen durch die Corona-Pandemie und den Krieg in Osteuropa und seine Folgen haben weite Bereiche der Lebensrealitäten, des Sozialgefüges und der Werte und schließlich auch der Kommunikations- und Bildungsstrukturen verändert. Gerade die zweite Hälfte des 20. Jahrhunderts war von einer nivellierten Mittelstandsgesellschaft geprägt, in der es einigermaßen verbindliche (Ernährungs-)Muster für den überwiegenden Teil der Bevölkerung gab. Heute sind aber nicht mehr primär Schicht, Klasse oder Beruf identitätsbildend, sondern Szenen, also Gemeinschaften auf Zeit, und individualisierte Lebensstile, die zunehmend auch in Ernährungsstilen Ausdruck finden. Dadurch ist die Nahrungsaufnahme differenzierter und individueller geworden. Die Struktur der Ernährung hat sich dynamisiert, zumal Elemente der Ernährung inzwischen auch Modeerscheinungen sind. Zugleich werden jedoch Landwirtschaft, Lebensmittelwirtschaft und Handel durch die große Nachfrageelastizität vor enorme Probleme gestellt. Wie gestaltet sich der Konsum in mittelfristigen Planungshorizonten? Welche langfristigen Hoffnungen und Befürchtungen hegen die Konsumenten? Und vor allem: Welche Konsumentengruppen werden in einer Gesellschaft, die ihre Mitte verliert, prägend sein?

Die Geschwindigkeit des gesellschaftlichen Wandels führt zu Verhaltensunsicherheiten, die wiederum Bewältigungsstrategien zur Folge haben. Zu diesen Strategien gehören Komplexitätsreduktionen, die spezifische Narrative und Symbole hervorbringen. Nicht zuletzt deshalb kommt vermeintlichen Traditionen, Bildern von Natürlichkeit und auch Bekenntnissen zu Ernährungsstilen oder Produktgruppen eine hohe Bedeutung zu. Die Frage, ob Schweinekotelett oder Sojaschnitzel auf den Teller kommt, ist also symbolisch und ideologisch aufgeladen.

Ernährung spielt in der modernen Kommunikation eine zentrale Rolle, sie wird überhöht, mit Metaphern verwoben, oft aber auch als krisenhaft kommuniziert. Bereits im Verlauf des 20. Jahrhunderts hat sich die Wahrnehmung der Lebensmittel deutlich verschoben: Die Stofflichkeit trat in den Hintergrund, während Inszenierungen und Illusionen an Relevanz gewannen; dafür trägt die Industrialisierung des Lebensmittelgewerbes maßgeblich Verantwortung. Publikationen, die skandalisierende Termini wie »Essensfälscher«, »Ernährungslüge« oder »Joghurt-Lüge« im Titel führen, diskutieren mit großem Markterfolg reale oder vermeintliche Missstände. Je nach Perspektive liegt tatsächlich einiges im Argen, und gute Argumente sprechen dafür, Negativeffekte der Industrialisierung offen zu diskutieren. Aber hat die Industrie systematisch betrogen? Immerhin ging mit der Industrialisierung eine Trennung von der »natürlichen« Lebensweise einher, soziale Gruppen brachen auf und der moderne Mensch verlor den engen Kontakt zu Umwelt und Tieren. Die sensorischen Fähigkeiten haben sich zurückgebildet, weil sie nicht mehr lebensnotwendig sind – aber diese Entfremdungen lassen sich auf den Wandel des gesamten Lebensstils zurückführen. Gerade seit jener Krise, die das Verbrauchervertrauen in den 1990er-Jahren unter den Namen Rinderwahn und *Bovine spongiforme Enzephalopathie* (BSE) tief erschütterte, ist der Trend feststellbar, in einer allgemeinen Unsicherheitslage thematisch auf den Bereich Ernährung zu fokussieren. Inzwischen hat sich diese Tendenz deutlich verstärkt: In einer breiten öffentlichen Wahrnehmung werden Lebensmittelhersteller geradezu dämonisiert und skandalisiert. Dabei wird jedoch leicht übersehen, dass die Industrie sich ganz weitgehend an die gesetzlichen Rahmenbestimmungen hält und zudem vor allem jene Produkte produziert, die von den Kunden nachgefragt werden. Daher liegt der Anteil der biologisch und fair erzeugten Lebensmittel niedriger, als deren mediale Thematisierung vermuten lässt. Viele Kunden bevorzugen billige Convenience-Produkte und hegen gleichzeitig die Illusion einer heilen Welt. Sie empfinden eine Qualitätskrise, befinden sich aber tatsächlich in einer Vertrauenskrise.

Klassifizierung von Ernährungstypen

Die bisherigen holzschnittartigen Überlegungen zur Lage der Ernährung in Deutschland und zum Kundenverhalten implizieren, wie in der Literatur üblich, einigermaßen homogene Konsum- und Verzehrmuster. Immer wieder werden heute aber auch verschiedene Ernährungstypen diskutiert, wobei die meisten Ordnungssysteme allenfalls ansatzweise überzeugen. Das liegt nicht zuletzt darin begründet, dass die konkrete Situation der Alltagsernährung in Deutschland derzeit unzureichend erforscht ist; in gewisser Weise haben wir es sogar mit einer Black Box zu tun, da die meist standardisierten Erhebungsverfahren die Interaktionspartnerinnen und Interaktionspartner dazu verleiten, eher gewünscht als realitätsbezogen zu antworten. Hinzu kommt, dass viele von der eigenen

Ernährung ein eher positiveres denn ein realistisches Bild haben. Außerdem werden mit empirischen Erhebungsverfahren die Ränder der Gesellschaft kaum abgedeckt: Allein lebende Hochbetagte, psychisch und/oder chronisch Erkrankte sowie adipöse Menschen, viele Migrierte und prekär Lebende werden kaum erreicht – mithin mindestens ein Drittel der Bevölkerung.

Gleichwohl lohnt es sich, einen Blick auf Klassifizierungsmodelle zu werfen. So unterbreitet etwa ein internationaler Lebensmittelkonzern einen Vorschlag, in dem sieben Ernährungstypen identifiziert werden. Bei den »Leidenschaftslosen Pragmatikern« handelt es sich mehrheitlich um Männer mit einem niedrigen bis mittleren Einkommens- und Bildungsniveau, die eher anspruchslos sind, sich funktional ernähren und zumeist die bürgerliche Küche des 20. Jahrhunderts schätzen. Die Gruppe der »Problembewussten« besteht primär aus Älteren, die ihre Ernährung nach dem Auftreten erster gesundheitlicher Probleme umgestellt haben, ebenfalls bevorzugt traditionell essen, aber auch Wert auf eine gesunde und ausgewogene Ernährung legen. Bei den »Sorglosen Sattessern« geht dagegen Quantität vor Qualität: Zu dieser Gruppe zählen vor allem jüngere, oft ledige Konsumierende mit eher geringem Einkommen und Bildungsniveau. Essen muss für sie in erster Linie gut schmecken, reichlich und bequem sein. Die »Gehetzten«, oft karriereorientierte Menschen, legen besonderen Wert auf Zeitersparnis; ihre unregelmäßig und hastig eingenommenen Mahlzeiten bestehen deshalb häufig aus Snacks und Fast Food. Die überwiegend weiblichen »Gesundheitsidealisten« versuchen dagegen, im Einklang mit der Natur zu leben und zu essen; für qualitativ hochwertige Lebensmittel sind sie bereit, mehr auszugeben. Hingegen messen die »Nestwärmer« Gemeinschaft und Traditionen eine besonders hohe Bedeutung bei: Dieser Typus hält sich fit und gesund und präferiert ausgiebige Familienmahlzeiten, oft aufwändig und meist selbst zubereitet. Die siebte Gruppe stellen die »Modernen Multi-Optionalen« dar: Sie zählen zur oberen Mittelschicht und erleben einen Zwiespalt zwischen hohen Ansprüchen und einem knappen Zeitbudget. Auf der einen Seite versuchen sie, gerade auch ihre Ernährung zu optimieren, in der Realität scheitern sie jedoch häufig an ihren eigenen Ansprüchen und neigen zu unregelmäßigem Essverhalten.

Dieses Schema dürfte einen Teil des Essalltags in Deutschland abdecken und funktioniert jedenfalls besser als die vor allem medial kommunizierten Trend-Schemata, die etwa Frutarier, Flexitarier, Veganer oder Anhänger von Low-Carb- oder Paläo-Diäten auflisten. Bis auf den Veganismus, dem tatsächlich wachsende Bedeutung zukommt, sind die Kategorien teils beliebig (z. B. Flexitarier), teils irrelevant: Anhänger der Paläo-Diät, die sich an einer Steinzeitküche orientieren, die es so – nebenbei bemerkt – nie gegeben hat, sind freilich rar, denn ein extrem auf Fleisch fokussierter Ernährungsstil lässt sich für jene Gruppen, die eine Affinität zu Food-Trends aufweisen, weder mit aktuellen Konzepten gesunder Ernährung noch mit dem Nachhaltigkeitsparadigma in Deckung bringen.

Angesichts der Klimakrise, die wie ein Damoklesschwert über uns schwebt, ist anzunehmen, dass Aspekte der Umweltverträglichkeit in der Produktion im weiteren Verlauf des 21. Jahrhunderts weiter an Relevanz gewinnen werden. Weshalb weite Teile der Bevölkerung ungeachtet der globalen Bedrohung nicht dem Imperativ einer nachhaltigen Ernährung folgen, kann auf eine Vielzahl von Gründen zurückgeführt werden, die im Folgenden – beruhend auf einzelnen Beobachtungen, denn empirisch lassen sich diese Ergebnisse kaum erzielen – skizziert werden sollen.

Viele Menschen, die uns im Rahmen unserer Forschung begegnen, leiden etwa unter derartigem psychosozialen Stress, dass sie dem Thema Ernährung häufig keinen Raum zu geben vermögen. Sie kapitulieren vor der Flut an sich nicht selten widersprechenden Informationen über Gesundheit, Ernährung und Landwirtschaft und können das erforderliche Maß an Aufmerksamkeit für diese Thematik nicht aufbringen. Damit verschränkt sind häufig auch finanzielle Aspekte, zumal ein gewisses Budget erforderlich ist, um einen gesünderen Lebensstil zu verfolgen: Für Erwerbslose, Geringverdienende oder Alleinerziehende werden Kauf- und Konsumentscheidungen deshalb häufig von Ohnmachtsempfindungen begleitet. So kann die mit prekären Lebensbedingungen oftmals eng verzahnte psychische Belastung mit einer Kompensation durch ungesundes, preisniedriges Essen und Trinken einhergehen oder aber zu unzureichender Motivation führen, den eigenen Ernährungsalltag kritisch zu reflektieren.

Zum anderen mangelt es einem Teil der Konsumierenden auch an Wissen, wie eine nachhaltige, gesundheitsbewusste und tierwohlorientierte Ernährung gestaltet werden kann: Gerade Migrierte, die sich noch nicht lange in Europa befinden, oder auch Bildungsferne, die im Inland sozialisiert worden sind, verfügen über geringe Kenntnisse vom fundamentalen Beziehungsdreieck Ernährung–Gesundheit–Umwelt, zumal ein Bildungssystem, das zunehmend auf Natur- und Wirtschaftswissenschaft setzt und darauf zielt, dass Körper und Ökonomien optimiert werden, primär ökonomische Logiken lehrt. Für Erstere fungiert Essen überdies als Traditionsanker, weshalb etwa die im osteuropäischen Raum dominierende Fleischaffinität auch nach erfolgter Migration zumeist kaum schwindet.

Nicht zu vergessen sind jene Menschen, die strukturelle Gründe haben, sich den obrigkeitlichen Ernährungsimperativen zu widersetzen (auch wenn sie sich dessen kaum bewusst sind). In einer Gesellschaft, die viele als unsolidarisch erfahren, die in ausbeuterischen Arbeitsstrukturen gefangen und permanenten Konsumaufforderungen ausgesetzt ist, denen sie als Individuen nicht nachkommen können, sinkt eben die Bereitschaft, auf die preiswertesten Luxusprodukte zu verzichten: Fleisch oder Fisch vom Discounter, Erdbeeren im Winter, Avocados aus Lateinamerika. Hier herrscht vielfach die Meinung vor, dass die Wohlhabenden den Verzicht zunächst selbst vorleben sollten.

Ein Blick auf die vorhergehend nur grob umrissene Diversität der Konsumierenden, ihre Motive und Handlungsmuster zeigt die Relevanz auf, von Ernährungsimperativen abzusehen und stattdessen die Heterogenität unserer Gesellschaft in den Fokus zu nehmen; dabei wären aus Perspektive der Politik und der Ernährungsbildung vor allem die Fragen zu umkreisen, wie Aspekte der Nachhaltigkeit und des Tierwohls realisiert werden können, ohne bestehende soziale Ungleichheiten zu übergehen, und welche Strategien zu entwickeln sind, um jene Menschen zu erreichen, denen es an Bildung oder auch an Motivation mangelt, ihren Ernährungsalltag umweltverträglich und gesundheitsbewusst zu gestalten.

Wer bestimmt, was wir essen? Konfliktfeld Ernährung im Heute und Morgen

Bedingungsfelder von Esskultur – die Darstellung der Ernährung in Politik und Medien und die Selbstwahrnehmung der Konsumierenden – bilden ein starkes Kräftedreieck. Dabei sei noch einmal die Frage gestellt, woher dieser massive Bedeutungszuwachs des Themas rührt: Ein Faktor, der maßgeblich auf den Komplex der Ernährung wirkt, ist die Ideologisierung von Landwirtschaft und Ernährung. Wie kam es dazu, dass die Ernährung nicht mehr primär pragmatisch-stofflich, sondern ideologisch wahrgenommen wird? Bis zu den Wendejahren um 1990 prägte die Frage nach der politischen Verortung in rechts oder links nicht nur den öffentlichen Diskurs. Darauf folgte eine Generation des neoliberalen Pragmatismus. Seit den 2010er-Jahren ist eine neue Ideologisierung zu beobachten: Vielmehr als auf politische Systeme bezieht sich diese nunmehr auf Lebensstile, die zwischen Selbstoptimierung und Weltrettung oszillieren und sich besonders stark im Feld der Ernährung niederschlagen. Gesellschaftliche und politische Diskussionen um Ernährungssysteme werden so erbittert geführt, weil es sich um eine Stellvertreterdiskussion handelt, bei der es um die vermeintlich richtige Sicht auf globale Fragen geht: Wer für regionale Landwirtschaft ist, möchte den Klimawandel rückgängig machen, wer gerne argentinische Rotgarnelen kauft, ist den Folgen gegenüber gleichgültig oder er glaubt eher an die selbstregulierenden Kräfte des Marktes – Komplexitätsreduktionen, die ihre Entsprechungen auch in den Attributen gluten- und laktosefrei oder auch vegan finden. Der Krieg, den Russland im Februar 2022 gegen die Ukraine begann, verändert die Situation von Politik und Sicherheit in Europa dramatisch und dürfte auch diesen aufgeladenen Diskussionen an Schwung nehmen, denn nicht mehr nur die optimale Versorgung von Menschen, die ohnehin gut ernährt sind, wird dadurch wichtig, auch die Folgen zunehmender globaler Hungerkrisen gewinnen an Relevanz.

Ein weiterer Trend lässt sich als sinuskurvenförmiger Verlauf kultureller Prozesse verorten: Seit dem Ende der 1960er-Jahre hat sich eine romantisch-technikfeindliche Grundstimmung eingeschlichen, welche vor allem den medialen Diskurs maßgeblich bestimmt hat, da ihre Protagonistinnen und Protagonisten zu wichtigen Funktionsträgern avanciert sind. Dieser Mentalitätswandel betrifft etwa den Blick auf die Landwirtschaft, Kernenergie und den Nahrungsbereich. Mit dem anstehenden Generationswechsel werden sich auch die Leitperspektiven verschieben und am Horizont stehen sowohl neue, aber radikale Umweltbewegungen als auch ein neuer Pragmatismus in Bezug auf technische Innovationen wie In-vitro-Fleisch oder Genfood. Da die Rolle der Wissenschaft bei der Bewältigung der Corona-Krise überwiegend als positiv wahrgenommen wird, schwächt sich auch die stark verankerte Technikfeindlichkeit im Agrarbereich möglicherweise ab.

Daran anknüpfend lässt sich die Überwindung der Angst vor technisch veränderten Lebensmitteln nennen: *Medical food* und *personalisierte* Ernährung sind auf dem Vormarsch, *Wearables* wie Fitnessarmbänder messen Körperdaten, und die Ernährung wird darauf abgestimmt. Die Akzeptanz für solche Optionen steigt, wenn genetische Disposition und damit individuelle Risiken für Diabetes oder Alzheimer identifiziert werden.

Hiermit ebenfalls verschränkt ist, dass die Ernährung zum relevanten Körperstyling-Instrument avanciert, denn ein härter umkämpfter Arbeitsmarkt fördert die Entwicklung zur performativen Demonstration von Fitness sowohl in der analogen Welt als auch in den sozialen Netzwerken. Die segmentierte Gesellschaft spiegelt sich auch hier: Protagonistinnen und Protagonisten der Muskel- und Schönheitsfraktion inszenieren sich als vermeintlich authentische Influencerinnen und Influencer, die etwa durch Food-Hauls und »What I Eat In A Day«-Video-Blogs deutlich mehr Einfluss auf das Essverhalten Jugendlicher gewinnen als institutionelle Angebote. Von Bedeutung ist hierbei weniger der Nährstoffgehalt eines Lebensmittels als vielmehr das Attribut »instagrammable«, seine Symbolik und insbesondere seine Optik, die sich in das Gesamtbild des Feeds zu fügen hat. Um zukünftig wieder an Relevanz zu gewinnen, böte es sich für Ernährungsfachkräfte an, das Terrain der Social Media aktiv zu erkunden und vermehrt digitale Ernährungsbildungsstrategien zu erproben, um Hierarchien abzubauen und jungen Menschen Informationen niedrigschwellig im Dialog zu vermitteln.

Des Weiteren haben Lieferangebote, etwa durch *lieferando.de*, und der Online-Einkauf von Lebensmitteln – nochmals beschleunigt durch die Corona-Pandemie – stark zugenommen. Wir sehen Systemgastronomen, hemdsärmelige Kleinanbieter und Start-ups, die überallhin liefern, billig und zielgruppenorientiert.

Gleichzeitig führen veränderte Arbeitsstrukturen zum Wegfall chronologischer Mahlzeitensysteme: Essen ist zum Snacking geworden, findet vielfach eher zwischendurch und unbewusst statt, was auch einem Mangel an Zeit für aufwändigere Zubereitung geschuldet ist. Dadurch verliert Ernährung an sozialer Funktion: Im Gegensatz zum gemeinsamen Essen am Tisch findet Snacking eher allein statt. Dazu nehmen wir bereits seit geraumer Zeit unbemerkt Abschied vom alten Dreiklang der deutschen Mahlzeit: Fleisch, Gemüse, Sättigungsbeilage. Die Internationalisierung der Esskultur hat hier zu einer anderen Geometrie der Mahlzeit beigetragen, weg von den Komponentengerichten hin zu All-in-One-Speisen – etwa den Superfood-Bowls. Diese stehen wiederum in Verbindung mit der zunehmenden Verschränkung von Gesundheit, Ethik und Nachhaltigkeit im Kontext der Ernährung, die vor allem für – häufig urban lebende und akademisch geprägte – Teile der jüngeren Generationen von hoher Relevanz bleiben wird.

Noch nicht absehbar ist die Reichweite der ökonomischen Rahmenbedingungen, die sich durch die Corona-Pandemie und den Krieg in der Ukraine sowie den Klimawandel verschlechtern dürften. In Europa herrscht Rezessionsgefahr: Am Horizont steht neue Armut und die ökonomische Schere öffnet sich zusehends. Auch im Bereich der Lebensmittel ist mit einer Ausweitung des Luxussegments für gesundheitsbewusste multioptionale Hedonisten mit Vorliebe für hochwertige und sichere Produkte auf der einen Seite zu rechnen, während die wachsende Armut auf der anderen Seite zu steigender Preissensibilität und sinkendem Qualitätsanspruch führt – und damit auch zu neuem Pragmatismus.

Die Frage, wer bestimmt, was wir essen, wird in diesem Band wohl kaum endgültig beantwortet, wohl aber multiperspektivisch diskutiert. So gibt die Lektüre doch eine Handreichung zur Positionsbestimmung, die für jede und jeden unterschiedlich ausfallen mag: Der Staat, der hemmungslosen Konsum und industrielle Landwirtschaft erlaubt, weil sie Resultate eines historischen Gewordenseins und integrative Bestandteile der freiheitlich demokratischen Grundordnung sind, dieser Staat setzt die Rahmenbedingungen. Es liegt dann in der Verantwortlichkeit aller Beteiligten, sich in diesem Rahmen so verantwortungsvoll zu bewegen, dass man es auch freiwillig und gerne tut.

Literatur

Hirschfelder, Gunther (2021): Vom Wohlstands- zum Krisensymbol. Eine Kulturgeschichte des Nahrungsmittels Fleisch. In: Aus Politik und Zeitgeschichte, 71 (51–52), S. 4–12

Hirschfelder, Gunther; Thanner, Sarah (2021): Essen in der Krise. Unsicherheitserfahrungen und Prekarisierung im Prisma von Ernährungsroutinen in kulturwissenschaftlicher Perspektive. In: Birgit Blättel-Minck (Hrsg.), Gesellschaft unter Spannung, Verhandlungen des 40. Kongresses der Deutschen Gesellschaft für Soziologie 2020. Online: https://publikationen.sozio

logie.de/index.php/kongressband_2020/article/view/1366 [zuletzt abgerufen am 04.03.2022]

Jahnke, Benedikt; Kofahl, Daniel (2020): »(No) One-fits-all« – Eine ernährungssoziologische Analyse zur Beeinflussung des Lebensmittelmarkts durch Millennials. In: Nina Baur; Julia Fülling; Linda Hering u. a. (Hrsg.), Waren – Wissen – Raum, Interdependenz von Produktion, Markt und Konsum in Lebensmittelwarenketten. Wiesbaden: Springer, S. 421–447

Settele, Veronika (2020): Revolution im Stall. Landwirtschaftliche Tierhaltung in Deutschland, 1945–1990 (Kritische Studien zur Geschichtswissenschaft). Göttingen: Vandenhoeck & Ruprecht

Winterberg, Lars (2020): Fragile Ernährungskulturen im Spiegel der Corona-Pandemie. In: Michael Volkmer; Karin Werner (Hrsg.), Die Corona-Gesellschaft, Analysen zur Lage und Perspektiven für die Zukunft, X-Texte zu Kultur und Gesellschaft. Bielefeld: transcript, S. 331–337

Traditionsmythen: »Deutsche Küche« zwischen Nation, Region und Internationalisierung

Uwe Spiekermann

Vor rund 200 Jahren konnten und mussten sich die meisten Menschen noch selbst versorgen. Sie aber, werte Leserin, werter Leser, können dies heute nicht mehr. Ihr Leben ist elementar abhängig von der Arbeit anderer, von Versorgungsstrukturen, in denen Sie als Käufer, als Konsumentin agieren. Das hat große Vorteile, denn Sie sind befreit von der Fron des Anbaus, der Produktion, oft gar des Kochens – Essen ist für Sie in der Tat nur noch Essen, sieht man einmal vom Einkaufen, Spülen, Wegwerfen ab, und natürlich vom steten Nachdenken über das, was Sie essen wollen und dürfen.

Anfang des 19. Jahrhunderts aßen fast 90 Prozent der Bevölkerung in deutschen Landen eine lokale, teils regional eingrenzbare Kost. Sie gründete auf den dort angebauten Agrarprodukten, ergänzt vorrangig durch einige Gewürze, darunter das so wichtige Salz. Die bäuerliche Hauswirtschaft verarbeitete vorrangig Getreide: Breie, Mus und Brot, Wasser und der Haustrunk dominierten die Alltagsernährung; Kartoffeln kamen wenige Jahrzehnte vorher auf und ergänzten vorrangig im Norden den Speisezettel. Fleisch, Milch, Honig traten hinzu, ergänzt durch saisonal verfügbares Obst und Gemüse. Aus alldem wurden Speisen bereitet, die einer von Brauch, Religion, Geschlecht, Alter und Stand geprägten Ordnung folgten, von Jahreszeit und Ernteausfall. Die Speisen waren Ergebnis einer klaren Arbeitsteilung innerhalb der bäuerlichen Wirtschaft: Zubereitung, Konservierung und Würzung waren Teil der Hauswirtschaft, Aufgabe der Frauen, teils der Kinder. Es gab aber auch regelmäßige Ausbrüche aus dieser Welt eintöniger und wenig abwechslungsreicher Grundversorgung: Am Ende der Erntezeit, bei christlichen Hochfesten, Jahrmärkten und Messen sowie im Rahmen der geselligen Festkultur von Taufe, Heirat und Beerdigungen.

Anfang des 19. Jahrhunderts war eine lokale und regionale Kost mangels Alternativen notwendig, heute ist sie eine Option neben anderen. Sie können aus dem Füllhorn unterschiedlicher regionaler Küchen wählen, sich aber abseits einer deutschen Küche auch für Lebensmittel und Speisen zahlreicher anderer Nationalküchen entscheiden, teils durch importierte Lebensmittel, teils durch Fertiggerichte oder »ausländische« Restaurants, die Ihnen zugleich ein Stück Ferne, eine Prise Exotik beimengen.

Lassen Sie uns im Folgenden einigen Gründen für diesen Wandel nachgehen. Im Mittelpunkt wird dabei die Frage nach dem Ort, dem Verfügungs- und Bezugsraum des Essens stehen – real und virtuell. Damit ist der Platz des Einzelnen immer mitgedacht, seine Identität, sein Bezug zu einer schwer zu fassenden Tradition. Tradition, das war vor 200 Jahren erst einmal Überlieferung, meist von Person zu Person, von Generation zu Generation. Wissen wurde weitergegeben, ein Wissen um das »Wie« der Alltagsbewältigung, um Landwirtschaft und Handwerk, um Gartenarbeit und Küchenfertigkeit. Wissen berührte immer auch Fragen der Herkunft und Identität, der Weltdeutung und der Abgrenzung von Fremden. Tradition war eingebrannt in die Rhythmen des Essens, der Ernährung. Sie ordnete das Leben, war aber zugleich auch offen für Ergänzungen und Verbesserungen. Tradition stand daher nicht für etwas Organisches, Originäres. In der Kette der Überlieferung dominierte Bewegung, gab es keinen Stillstand. Ein erster Wandel setzte ab 1770 ein – und er folgte Veränderungen jenseits der deutschen Lande. England, Frankreich und auch die Niederlande hatten mit verbesserten Gerätschaften und veränderten Fruchtfolgen den Ertrag ihrer jeweiligen Landwirtschaft gesteigert. Ihre Handelsflotten und Kolonialreiche brachten nicht mehr nur Gewürze, sondern auch Massengüter nach Europa, darunter Kaffee und Tee, Kakao und Zucker, Saatgut und Pflanzen. Die Kartoffelkultivierung ergänzte den Getreideanbau, neue heimische Pflanzen boten Ersatz für Kolonialprodukte, so Rübenzucker oder Zichorienkaffee. Arbeitsintensive und ertragsschwächere Kulturen traten dagegen zurück, etwa Hirse, Erbsen, Bohnen und Linsen. Zugleich entwickelten die erfolgreichen Handelsnationen charakteristische Leitküchen, deren Prägekraft nicht nur auf Hauptstädte, sondern auch auf die Ernährung immer breiterer Gruppen wirkte.

Deutsche Nation und »Deutsche Küche«

Die neuen Nationalküchen des Westens stellten das lokale und regionale Essen in einen neuen Rahmen: »Deutschland« war damals ein geografischer Begriff, das deutsche Kaiserreich bündelte nämlich viele Nationalitäten, bis es 1806 auseinanderbrach. Zwar reicht die Idee eines deutschen Staates in das 18. Jahrhundert zurück, doch stand sie gegen die monarchische Macht. Träger waren neue, teils dienstfertige, teils selbständige Bürger. Sie emanzipierten sich von der Hochsprache des Adels, dem Französischen, schrieben und dichteten in deutscher Sprache, schufen zugleich ein einigendes Band für die im Alltag üblichen Dialekte. »Deutsch« entstand als Dachbegriff für eine neue, erst zu erringende Sprach- und Kulturgemeinschaft, aus der dann, ähnlich wie bereits zuvor in Frankreich, England oder Spanien, eine Staatsgemeinschaft hervorgehen konnte.

Eine »Deutsche Küche« im engeren Sinn existierte nicht, sie war eine Kopfgeburt. Im herrschaftlich zersplitterten Mitteleuropa gab es keine Leitküchen. Die Trennungslinien zwischen römischen, germanischen und slawischen Herrschaftsgebieten wirkten noch, Weizen im Süden, Roggen im Norden und Osten. Reformation und der Dreißigjährige Krieg hatten die Unterschiede zwischen protestantischen und katholischen Gebieten auch kulinarisch vertieft.

Entscheidend geprägt wurde das Ringen um die »Deutsche Küche« durch die Expansion Frankreichs. 1813 fragte der Dichter Ernst Moritz Arndt (1769–1860) kurz vor der Leipziger Völkerschlacht, die das Ende der französischen Herrschaft in deutschen Landen einleitete: Was ist des Deutschen Vaterland? Die Verteidigung des Eigenen hatte bereits lange vorher eingesetzt, mündete in eine breite und kontroverse Debatte über die Identität der Deutschen. Sie setzte im Alltag an, schied strikt zwischen *deutsch* und *nicht deutsch*. Typisch war die Sprachreinigung, der erbitterte Kampf um die Tilgung französischer, englischer oder slawischer Speisebezeichnungen. Die Idee einer »Deutschen Küche« entstand damals in Abwehrhaltung, als Küche der Abgrenzung gegenüber der »Verwelschung« und dem ungebührlichen Tafelluxus im reicheren europäischen Westen. Für den Schriftsteller Karl Julius Weber (1767–1832) war sie »stets ehrlicher, einfacher, kräftiger, wie deutscher Charakter«, für das 1835 erschienene, gebildete Frauen ansprechende *Damen-Conversations-Lexicon* »eine Mischung und Nachahmung fremder Kost, jedoch ohne Ausartung«. »Deutsche

Küche« war anfangs eine Haltung, eine Stellung zur Welt. Sie war sparsam, stand für Skepsis gegenüber dem Materiellen, lenkte das wahre Sein auf Bildung von Geist und Herz, auf gemeinsamen Geschmack und eine Praxis des gelungenen Miteinanders von Menschen gleicher Sprache, Herkunft und Tradition.

»Deutsche Küche« war ein Artefakt, eine erfundene Einheit, und im Schielen nach dem Fremden lag Unsicherheit. Anfangs berief man sich auf frühe Formen der Völkerpsychologie: Während die vielgestaltigen, mit Saucen und Würzen immer wieder variierten französischen und italienischen Küchen Ausdruck ihrer temperamentvollen und geistreichen Bewohner seien, müsste ein tiefsinniges, stetig reflektierendes Volk wie das Deutsche zu neutralen Lebensmitteln ohne starken, reizenden Geschmack und ohne starke Belastung der Verdauung greifen, um seine besonderen Fertigkeiten zum Ausdruck zu bringen. Kennerschaft und nationaler Sinn waren dafür erforderlich – dann könne etwas Neues entstehen, so wie die deutsche Hochsprache aus den Dialekten der Alltagssprache. Doch der kulinarische Alltag war schwerer zu verändern als die Gewohnheiten der nur wenigen Hunderttausend Bürger. Die »Deutsche Küche« blieb ein Flickenteppich. So vermerkte der Naturkundler Otto Ule 1865 lapidar:

> »Die deutsche Küche ist so bunt, wie die deutsche Landkarte, und ebenso von fremden Einflüssen beherrscht, wie die deutsche Sitte und Politik. Im Westen ist die Küche französisch, im Norden englisch, im Osten slavisch.«

Derartige Vorstellungen von Rückständigkeit und Abhängigkeit ebbten Mitte des 19. Jahrhunderts ab. Die Frage nach der Identität der Deutschen verengte sich auf ein neues Umfeld, einen deutsch-preußischen National- und Machtstaat, der kleindeutsch die Sprachnation verleugnete. Nachdem aber die Einheit von oben kam, verstärkte sich im neuen Deutschen Reich eine Bewegung hin zu einer nationalen Küche: Sie ging von liberalen Bürgern aus, ging einher mit deren Streben nach einem einheitlichen deutschen Binnenmarkt, der mit dem Deutschen Zollverein seit 1832 seinen Anfang nahm und mit der Gewerbeordnung von 1871 seinen Durchbruch fand. Der nationalliberale Politiker Karl Braun (1822–1893) plädierte bspw. 1870 für ein Ende der kulinarischen Fremdherrschaft – an den meisten deutschen Höfen wurde noch französisch gekocht – und forderte eine gesellschaftspolitische Initiative, nämlich einen deutschen Küchen-Kongress. Vor dem Hintergrund einer Geschichtsschreibung, die Germanen zu Deutschen machte und die moderne Geschichte auf Preußens Mission zur Gründung Deutschlands reduzierte, galt es, an die eigene große Geschichte anzuknüpfen, die Stammeseigentümlichkeiten aufzugreifen, das Beste aus ihnen zu extrahieren und zu einem einheitlichen Ganzen, zu einer deutschen Küche zusammenzufassen.

Solche Pläne fanden Widerhall, und doch blieb die »Deutsche Küche« eine liberale bildungsbürgerliche Planungs- und Gestaltungsutopie, die in Festreden beschworen wurde, jedoch mit der Alltagsrealität wenig gemein hatte. Hier ging es um die lokal und regional verfügbaren Speisen, um die Realität der Konsumtion, nicht das Ideal einer national korrekten Ernährung. Eines der ersten Kochbücher für »Deutsche Küche«, 1870 von Johann Nepomuk Niggl veröffentlicht, bot vornehmlich Rezepte aus anderen Ländern, entsprach dem Ideal einer kosmopolitischen Elite, die sich an der Grand Cuisine orientierte. Die Kochbuchliteratur schien dennoch ein wichtiges Erziehungsmittel, um »deutsch« zu kochen und zu einer »Deutschen Küche« zu kommen – ähnlich wie zuvor die Literatur der Klassik und der Romantik für die Ausprägung einer deutschen Nationalbewegung. Sie entwickelte sich aus höfischen Anfängen, spiegelte seit dem frühen 19. Jahrhundert jedoch die Wunschküche des städtischen Bürgertums. Die verkaufsstarken Kochbücher bündelten seit dem zweiten Drittel des 19. Jahrhunderts gängige und repräsentative Rezepte einzelner Regionen und Landschaften. Sie waren jedoch kein Abbild regionaler, gar nationaler Küchen, denn sie bemühten sich um Ergänzung der am Entstehungsort üblichen Rezepte, zielten auf eine vollständige Handreichung für alle Herausforderungen des Haushalts und der Gastlichkeit. In der zweiten Hälfte des 19. Jahrhunderts, verbunden mit dem Ausbau des Eisenbahnnetzes, orientieren sich die Autorinnen und Autoren zunehmend an Großräumen, also an norddeutschen, süddeutschen, böhmischen oder mitteldeutschen Küchen. Dadurch entstand jedoch keine »Deutsche Küche«, sondern ein Kanon reichsweit bekannter Rezepte mit regionaler Herkunft. Der böhmische Schriftsteller Julius Walter deutete das Scheitern des nationalen Elitenprojektes jedoch positiv: Die Küche in Deutschland sei ein schlechter Abklatsch besserer Küchen des Auslandes – doch man sei bereit, von anderen zu lernen:

> »Der Deutsche – und das ist seine schönste Eigenschaft! ist Kosmopolit, er nimmt das Gute und Schöne, wo er es findet, ohne erst nach dem Heimatschein zu fragen.«

Internationalisierung I: Traditionsbrüche abseits des Ernährungsalltags

Trotz der Vielfalt regionaler Küchen blieb das Deutsche Reich ein Wurst- und Durstland ohne Hochküche. Dies verkennt jedoch die zunehmend stärkere Internationalisierung der deutschen Ernährung: Einerseits setzten die langsamen Ertragssteigerungen in der Landwirtschaft Arbeitskräfte für die gewerbliche und industrielle Entwicklung frei, anderseits ermöglichten sie rasch wachsende Handels-, Handwerks- und auch Industriebetriebe. So wurde die Nahrung Teil des Geldkreislaufs, Teil auch regionaler, nationaler und vermehrt globaler Märkte. All dies war nur möglich durch den Aufstieg der modernen Naturwissenschaften, deren neuartiges, sich von Brauch und Religion emanzipierendes Wissen eine zuvor unbekannte Verfügungsmacht über Nahrung ermöglichte. Dadurch zerfielen nach und nach die Grundlagen der tradierten Ernährungsweisen, begann eine sich über viele Jahrzehnte, in Teilbereichen über ein Jahrhundert hinziehende Neudefinition der täglichen Kost und ihrer Herkunft. Der eigentliche konzeptionelle Bruch mit der

Tradition der vorindustriellen Zeit erfolgte jedoch bereits im späten 19., nicht erst im ausklingenden 20. Jahrhundert.

Dieser Bruch erfolgte international, die »westlichen« Staaten waren Vorreiter und Taktgeber. Tiefgreifender und prägender als gesellschaftliche und kulturelle Gegenkräfte waren die Veränderungen in Wissenschaft und Wirtschaft: Seit der ersten Hälfte des 19. Jahrhunderts begann in deutschen Landen ein in England schon viel früher einsetzender Abschied von der Selbstversorgung. Die deutschen Länder besaßen keine Kolonien, ihr Weg hin zu wachsenden Nahrungsmengen erfolgte über landwirtschaftliche Reformen, eine in England und Frankreich bereits vorangeschrittene Rationalisierung und Intensivierung der Agrarwirtschaft. An die Stelle dominant für die Eigenwirtschaft arbeitender Höfe und Güter traten vermehrt bäuerliche Wirtschaften, die mittels Futterwirtschaft und Naturdüngung Marktüberschüsse produzierten. Sie boten die Rohstoffgrundlage für eine verstärkt seit den 1830er-Jahren einsetzende Industrialisierung, die auch die Nahrungsproduktion veränderte. Leitsektor war die Rückenzuckerindustrie, es folgten Getreide- und Ölmüllerei, dann die Tabakfabrikation. Der Nahrungssektor wurde stärker kommerzialisiert, der Geldwert der Nahrungsprodukte zunehmend wichtiger.

Diese Umgestaltung der täglichen Kost wurde durch neuartiges Verfügungswissen forciert. Galt die Natur ehedem als gottgegeben, fühlte man sich daher ihren Wechselspielen vielfach ausgeliefert, so etablierte sich seit den 1840er-Jahren ein naturwissenschaftlich fundiertes Wissen, das Menschen Eingriffe in die Natur erlaubte und eine Neugestaltung denkbar werden ließ. Der Blick auf die Nahrung änderte sich grundlegend mit der chemisch-physiologischen Erkundung ihrer Tiefenstruktur. Nahrungsmittel waren nicht mehr gott- und ortsgegeben, sondern Resultate universell geltender Naturgesetze. Die Chemie kannte keine Küchen; ihre Parameter waren Eiweiß, Fett, Kohlenhydrate und Nährsalze sowie der kalorische Brennwert. Der Mensch benötigte nicht Sauerkraut oder Kartoffelknödel, Makkaroni oder Roggenbrot, sondern 2000 bis 3000 Kilokalorien pro Tag und eine richtige Mischung der Makronährstoffe. Zugunsten des kalorischen Werts der Nahrung trat der kulinarische zurück. Dieses chemisch-physiologische Wissen erlaubte eine neue Ordnung der Nahrung auf Basis von Nährwerten, machte Ungleiches gleich, entwertete traditionelles, ortsgebundenes Wissen.

Das chemische Wissen blieb nicht auf die Nahrung begrenzt, sondern erklärte das Leben neu – ganz ohne Schöpfergeist. Menschen, Tiere und Pflanzen waren durch einen umfassenden Stoffwechsel elementar miteinander verbunden, Nahrungsstoffe die Betriebsstoffe des Lebens. Diese Erkenntnisse erlaubten der Agrarwirtschaft effizienteres Wirtschaften, gezielte Düngung mit Mineralstoffen und weitere Produktivitätssteigerungen. Boden, Pflanzen und Tiere wurden mittels einer neuen wissenschaftlichen Optik analysiert und optimiert, Tier- und Pflanzenzucht konnten beträchtlich verbessert werden. Die Anwendung des neuen chemischen Wissens erlaubte die gewerbliche und langsam auch maschinelle Produktion neuartiger Nahrungsmittel: Das betraf um 1850 Mineralwasser, Sekt, Konserven, Schokolade und Marmelade, die allesamt teuer blieben. Doch seit den 1860er-Jahren kam die Bierproduktion hinzu, dann die Milch-, langsam auch die Fleischwirtschaft. Neue Fette, wie die später Margarine genannte Kunstbutter, traten seit den 1870er-Jahren hinzu. All dies zernierte den traditionellen Zuschnitt der bäuerlichen Wirtschaft, erzwang weiteren Marktbezug, intensivierte die Geldwirtschaft und damit den Kauf anderer, zunehmend nicht aus der eigenen Region stammender Nahrungsmittel.

Während Preußen und viele Einzelstaaten bis die 1860er-Jahre noch Agrarüberschüsse exportierten, wurde die rasch wachsende Bevölkerung des 1871 gegründeten Deutsche Reichs von Nahrungs- und insbesondere Futtermittelimporten abhängig. Vor Beginn des Ersten Weltkrieges lag der Selbstversorgungsgrad nur noch bei 80 Prozent, sank Mitte der 1920er-Jahre unter 70 Prozent, erhöhte sich kurz vor dem Zweiten Weltkrieg dann wieder auf über 80 Prozent (und liegt heute bei ca. 90 Prozent). Der Abschied von der Selbstversorgung, der durch hohe Schutzzölle seit 1878/79 ge-

Abb. 1: Neuartige Getränke als Heimatanker in der Metropole (Quelle: *Berliner Leben* 6, 1903, S. 10).

bremst wurde, mündete also in relative Abhängigkeiten von internationalen Agrarprodukten, neben Kolonialprodukten und Pflanzenfetten betraf dies zunehmend auch billige Futtermittel, Getreide und Fleisch. Die heimische Nahrungsmittelproduktion war vielfach von ausländischen Vorprodukten abhängig – das galt selbst für Reformhäuser, die sich ihrer Natürlichkeit rühmten. Insgesamt nahm die Variabilität der gehandelten Güter ab, denn Handelsklassen und international geltende Standards prägten seit der Zwischenkriegszeit den internationalen Handel.

Die traditionelle Art der Ernährung zerbrach kleinteilig, in immer mehr Marktsegmenten. Ein Paradebeispiel für neuartige Angebote auf Grundlage chemisch-physiologischen Wissens war die Säuglingsernährung. Der stetig billigere Rückenzucker veränderte den Geschmack der Speisen, ebenso zahlreiche Würzpräparate, unter denen Maggis Würze herausragte. Synthetische Aromen wie das Vanillin oder Süßstoffe wie Saccharin und Dulcin vereinfachten und verbilligten Hauswirtschaft und Nahrungsproduktion. Eine breite Palette von Bequemlichkeitsprodukten wie Fleischextrakten, Back- oder Puddingpulvern sowie konservierten Fertiggerichten und Backmassen erleichterten die Arbeit der Hausfrau. Hinzu kamen frühe Lightprodukte, etwa entnikotinisierte Zigarren, alkoholfreie Biere und entkoffeinierter Kaffee.

Obwohl viele neue Angebote, etwa nährende Suppenpräparate, auf eine kostengünstige Ernährung der Arbeiter zielten, nahm der Wandel in bürgerlichen Haushalten seinen Anfang. Die neuen Angebote waren eben nicht nur Nahrungsmittel, sondern enthielten die einprogrammierte Botschaft, dass die tradierte Ernährung vielfach einseitig und überholt sei. Essen, so schon im späten 19. Jahrhundert, könne billiger und hygienischer, Kochen einfacher sein – die Industrie produziere eben effizienter und kostengünstiger, böte überlegene Angebote. Gewiss, Geschmack sei wichtig, doch eher, weil damit die Verdauungssäfte angeregt werden. Der moderne Mensch sei nicht mehr an einzelne Orte oder Regionen gebunden, er könne sich frei bewegen, von der Scholle emanzipieren, ein ungebundenes Leben führen. Was fehle, könne übernommen werden, so wie die aus dem eurasischen Raum stammenden Milchprodukte Kumys, Kefir und – seit 1907/08 – Joghurt.

Viele Bürger, eine wachsende Zahl von Angestellten und vermehrt auch Facharbeiter teilten derartige Vorstellungen, kauften diese neuen Produkte in den Städten, ließen sich in Kleinstädten oder dem nach wie vor dominierenden Lande per Post beliefern. Doch obwohl der Bruch mit der traditionellen Produktions- und Ernährungsweise bäuerlicher Selbstversorger um 1880 lag, wiesen die neuen Angebote Mängel auf: Ihre Haltbarkeit war begrenzt, ihr Geschmack gewöhnungsbedürftig, die Kosten lagen höher. Für die Verfechter des Neuen handelte es sich hierbei gleichwohl um behebbare Kinderkrankheiten einer neuen Zeit: Die Ernährung werde sich rasch verbessern, die soziale Frage befrieden, die Arbeiter als Bürger gleicher Kost integrieren, die Deutschen auf das Wohlstandsniveau der Briten heben. Veränderte Nahrungsmittel seien die Konsequenz des wirtschaftlichen und sozialen Wandels. Die Ortsbindung habe abgenommen, die Verbraucher befänden sich häufig an den falschen Plätzen für eine tradierte Kost.

»Regionale Küchen« zwischen Ernährungsrealität und imaginiertem Marktsegment

Die Frage bleibt, warum die Internationalisierung nicht rascher erfolgte: Parallel zum Scheitern einer »Deutschen Küche« blieb die Bedeutung der Region und regionaler Speisen derart hoch, dass sie gar zum Kennzeichen für die Küche in Deutschland werden konnte. Die Internationalisierung von Produktion, Handel und Konsum war langsamer, als Wissenschaftler und Unternehmer hofften. Träume einer Ernährung allein mit Eiweiß- und Nährpräparaten oder aber Versuche einer synthetisierten Kost scheiterten, obwohl es an Präparaten und Forschung um 1900 nicht fehlte. Denn die regionalen Küchen gründeten eben nicht nur auf Herkunft, einem gewohnten Geschmack und regionaler Produktion – sie waren vielfach auch preiswerter. Raschere Veränderungen hätten den Auf- und Umbau umfassender Versorgungsketten erfordert, was an die Grenzen der damaligen Konservierungs-, Lager- und Verpackungstechnik stieß. Die regionalen Verzehrsunterschiede waren im 19. Jahrhundert noch beträchtlich, blieben es im 20. Jahrhundert und prägen auch heute noch den Ernährungsalltag.

Betrachten wir nun den Nahrungsmittelkonsum, trotz schwieriger Datengrundlagen: Fällt der Blick auf die 1920er-Jahre, so waren die regionalen Unterschiede beim Brot-, Fleisch-, Ersatzkaffee- und Milchkonsum am geringsten, also bei gängigen landwirtschaftlich produzierten Handels- und Handwerkswaren. Doch der Konsum in den Großregionen variierte vom nationalen Durchschnitt beim Brot immerhin um 28 Prozent, bei Eiern bereits um mehr als

100 Prozent. Kartoffeln wurden in Pommern mehr als zweieinhalb Mal so häufig verzehrt wie in Bayern, noch größer waren die Unterschiede bei Butter, Kolonialkaffee oder aber Käse. Fisch wurde im Nord- und Ostseeraum dreifach häufiger gegessen als im Süden, wo wiederum Teigwaren fünfmal häufiger als in Ostdeutschland verzehrt wurden. Innerhalb Deutschlands lag der Konsum der Hauptnahrungsmittel im Vergleich zum Ausland zwar auf vergleichsweise ähnlicher Höhe, wich aber bei weniger wichtigen Nahrungsmitteln zum Teil stark voneinander ab. Regionale Unterschiede waren trotz einer beachtlichen Integration in den Welthandel und eines deutlich über 50 Prozent liegenden Anteils gewerblich verarbeiteter Lebensmittel beträchtlich, prägten die Speisen und Mahlzeiten stärker als Schicht und Geschlecht. Die Besonderheiten regionaler Küchen zeigten sich weniger bei den Hauptnahrungsmitteln als vielmehr bei einzelnen Produktgruppen: So wurde Fleisch im gesamten Land in recht ähnlicher Menge verzehrt, bei Wurst waren die Unterschiede bereits größer, variierten dann noch stärker bei Schweine- bzw. Rindfleisch. Tierische Fette, insbesondere Speck und Schmalz, waren dagegen nur für einzelne Regionen üblich. Je differenzierter man Nahrungsmittel betrachtet, desto größer werden die regionalen Unterschiede. Bei Speisen oder Mahlzeiten gilt das noch weit stärker.

Auch nach dem Zweiten Weltkrieg blieben regionale Unterschiede in Deutschland bedeutsam: Mochte neues Saatgut den Weizenanbau auch im Norden ermöglichen, auf rasches Wachstum und Legeleistung gezüchtete Hybridhühner den Fleisch- und Eierkonsum billiger gestalten, das Autobahnnetz und Massenmotorisierung den Warentransport beschleunigen, so legten Boden- und Wetterverhältnisse doch bestimmte Feldfrüchte nahe, wusste man in unterschiedlichen Regionen weiterhin, dass das tägliche Brot entweder mit Butter bestrichen, zusätzlich mit Belag oder aber als Schnitte mit Beispeise verzehrt wurde. Entsprechend bestand bei Fisch, Milch und Kartoffeln noch in den 1980er-Jahren ein deutliches Nord-Süd-Gefälle. Alkohol, Nudeln, Getreideprodukte und Fleisch wurden dagegen im Süden wesentlich häufiger genossen als im Norden. Im Osten wird insgesamt fetter gespeist, mehr und vor allem hochprozentiger Alkohol getrunken, mehr Kartoffeln, Schweinefleisch und Brot sowie weniger Gemüse gegessen. Regionale Verzehrsunterschiede schleifen sich allerdings weiter ab, nicht nur durch eine rasch wachsende Zahl dauerhaft hier lebender Migranten. Sie werden aber nicht nur von Gewohnheit und Geschmack getragen, sondern gerade auch vom Handel und der Gastronomie. Es gibt keine deutsche Einheitskost, vielmehr erlaubt die Internationalisierung gleichzeitig die Heimatküche zu pflegen und Angebote anderer Regionen und Nationen zu nutzen.

Regionale Küche wurde dabei von etwas Normalem zu etwas Besonderem, zur vermarktbaren Spezialität. Seit dem späten 19. Jahrhundert symbolisierten Herkunft und die Verortung bestimmter Speisen eine besondere Güte, Echtheit und Urtümlichkeit. Dies ging einher mit einem wachsenden Regionalismus in der Literatur, aber auch der Heimatschutzbewegung. Neben die Region im Bauch trat die Region im Kopf, die von der Gastronomie und dem Versandhandel, in der Zwischenkriegszeit auch dem Ladenhandel angepriesen wurde und die mit dem Massentourismus dann zum zentralen Werbeargument avancierte.

Noch im 19. Jahrhundert war der Begriff »Region« ungebräuchlich, erst in den 1930er-Jahren gliederte er sich in den Sprachgebrauch ein. Vor dem Hintergrund einer strikten, auf Wehrfähigkeit ausgerichteten Ernährungspolitik wurden während des NS-Regimes regionale Küchen systematisch erforscht, um eine kleinteilige effiziente Versorgung in Frieden und Krieg sicherstellen zu können. Nationalsozialistische Volkskundler verbanden regionale Ernährungsweisen mit völkischen Charakteristika, koppelten empirische Forschung mit rassistischen Deutungsmustern, ergänzten und vertieften das kulinarische Wissen in Gastronomie und Kochbuchliteratur. Wirklich bedeutsam wurde »Region« jedoch erst in den 1950er-Jahren; nicht zuletzt mit dem Verweis auf die verlorenen Regionalküchen des Ostens und die neu zu gewinnenden Nationalküchen der nicht-deutschen Welt. Von »Deutscher Küche« war längst nicht mehr die Rede angesichts der geteilten und zerstü-

Abb. 2: Regionale Spezialitäten der Zwischenkriegszeit (Quelle: Hans W. Fischer, *Das Leibgericht*, Hamburg 1955, S. 72).

ckelten Nation. »Region« wurde dagegen seit den 1960er-Jahren zu einem Modebegriff, teils in der Planungssprache, teils aber auch aufgrund der nicht nur von Vertriebenenverbänden beschworenen Heimat. Fern solcher Kopfgeburten erfuhr »Region« ab den frühen 1970er-Jahren eine neue Renaissance als Ausdruck von Herkunft und Verbundenheit. Das Ende des Nachkriegsbooms, die Kritik an »Entfremdung« und Massenkonsum sowie die Brüchigkeit der Rohstoffversorgung begünstigten Nostalgie und Ökologie, später Ostalgie und Bio-Boom. Sie boten Nischenanbietern und Direktvermarktern neue Marktchancen. Seit den 1990er-Jahren wurden solche Initiativen staatlich systematisch gefördert. Die EWG hatte schon seit 1962 geografische Herkunftsbezeichnungen genauer geregelt, die EU sie vielfach präzisiert und erweitert.

Herkunft war schon im 19. Jahrhundert mit Produkten und Speisen verbunden, wiewohl noch nicht als vermeintlicher Qualitätsmarker. Braunschweiger, Göttinger, Gothaer, Frankfurter oder Regensburger Würste bezeichneten erst einmal Würste aus unterschiedlichen Städten. Während zahlreiche regionale Spezialitäten kamen und gingen – Cuxhavener Sprotten oder Weimarer Lebkuchen verschwanden einfach vom Markt –, etablierten sich andere auch überregional, etwa Bremer Kladen, Dresdner Stollen, Paderborner Brot oder Harzer Roller. Parallel drangen regionale Speisen in der Gastronomie vor, wurden um 1900 auch in höherem Maße normiert.

Wirtshäuser und Gaststätten haben eine bis weit in die frühe Neuzeit zurückreichende Geschichte, doch Speiserestaurants mit Wahlmöglichkeiten entstanden im Deutschen Reich in größerer Zahl erst im letzten Drittel des 19. Jahrhunderts; anfangs meist eng mit Hotels für in- und ausländische Touristen verbunden, dann zunehmend Orte bürgerlicher Geselligkeit. In den rasch wachsenden Städten standen sie vielfach noch im Bann der französischen Küche und boten Speisen der internationalen Hotelküche – doch regionale Spezialitäten erlaubten Variationen: Hamburger Aalsuppe und Teltower Rübchen, Königsberger Klopse oder das Wiener Schnitzel traten als Stellvertreter einer nur imaginierten regionalen Küche auf die Speisekarten, erlaubten ein Kosten des Fremden. Einfachere Restaurants boten gängige, ehedem häuslich zubereitete Speisen, vermarkteten sie jedoch als regionale Spezialitäten. Pfefferpotthast, Himmel und Erde, Stielmus mit Pökelfleisch hieß es dann in westfälischen Restaurants und Gaststätten, während man in Hamburg gebratene Scholle, Labskaus und gefüllten grünen Hering essen konnte.

Regionale Küchen waren insofern Ausdruck einer kulturell-kommerziellen Imagination. Einzelne Produkte, einzelne Speisen wurden nicht mehr in ihren Alltagszusammenhängen verstanden, sondern standen als Isolate für Orte und Räume (fast wie Fett für Geschmack und Kohlenhydrate für Kalorien). Dies erlaubte einen einfachen Zugang auch abseits der Herkunftsregionen – und parallel zum noch moderaten Abschleifen regionaler Verzehrsunterschiede. Regional rückgebundene Produkte und Speisen standen für Urtümlichkeit und Authentizität, für Gemeinschaft und erwartbaren Genuss. Sie standen scheinbar gegen die Trends der Internationalisierung, gegen die Dominanz nationaler und internationaler Gütermärkte, gegen die entzauberte, säkulare Welt, gegen die im Restaurant sich widerspiegelnde Mobilität und den Bedeutungsverlust der heimischen Familienküche. Zugleich aber waren derartige »regionale Küchen« Bestandteile der Veränderung just dieser regionalen Küchen, denn Herkunft wurde konsumierbar, war Teil eines genüsslichen Pickens und Probierens ganz unterschiedlicher Angebote.

Die Speisen sowohl der internationalen Hochküche als auch regionaler Küchen fanden ab einem gewissen Bekanntheitsgrad Eingang in die allgemeinen Kochbücher. All dies wiederholte und intensivierte sich seit den 1950er-Jahren im Zuge des wirtschaftlichen Aufschwungs, als der Massentourismus nachholende Urlaubserlebnisse oder aber ein einfaches Schwelgen in Träumen über ferne Köstlichkeiten erlaubte. Dass es sich dabei jedoch nur selten um originale Rezepte handelte, zeigten schon die regionalen Angebote aus deutschen Landen. Herkunftsregionen und Lebensorte bildeten dadurch immer weniger den Rahmen für das eigene Essen. Stattdessen erhöhte sich die Zahl der Länder, Regionen und Orte, von deren Eigenarten man kosten konnte. Das war dienlich – nicht nur für Bewohner kulinarisch weniger verwöhnter Gegenden. Die Küchen in Bauch und im Kopf wurden zahlreicher – und sie wurden durch Kommerzialisierung und Verwissenschaftlichung nicht planiert, sondern unterstützt, ja ermöglicht.

Internationalisierung II: Die Durchdringung der Angebote und Haushalte

Die Vermarktung von Herkunft und zerbrochenen regionalen Traditionen ist Teil eines »ästhetischen Kapitalismus« (Gernot Böhme) – Verwissenschaftlichung und wirtschaftliche Homogenisierung gehen dabei einher mit ästhetischer und symbolischer Differenzierung, sei es bei Produkten und Speisen oder Küchen. An die Seite von Bedürfnissen treten Begehrnisse. Doch während sich in den Köpfen vieler Konsumentinnen und Konsumenten immer neue kulinarische Regionen und Nationen etablierten, war die Produktion von Lebensmitteln vornehmlich von wissenschaftlichem, technischem und ökonomischem Wissen geprägt. Diese differenzierten und erweiterten Erkenntnisse des 19. Jahrhunderts ermöglichten damit ein Lebensmittelangebot bisher unbekannter Vielfalt.

Hauptlinien müssen genügen: In der Zwischenkriegszeit wurde das chemisch-physiologische Wissen durch die Entdeckung der Vitamine und die physiologische Erkundung der Mineralstoffe beträchtlich ergänzt. Dies führte nicht nur zu einer wachsenden Bedeutung von Obst, Gemüse und Frischkost für eine gesunde Ernährung, sondern veränderte die Konservierung der Lebensmittel. Die Hitzeführung bei der Konservenproduktion und die Pasteurisierung von Milch wurden schonender, erlaubte schmackhaftere Produkte. Lebensmittel wurden zunehmend sensorisch getestet, Marktforschung erkundete seit den späten 1920er-Jahren ansatzweise Interessen der Konsumenten. Wichtiger noch waren neue, im Ersten Weltkrieg massiv geförderte Konservierungstechniken, insbesondere die Trocknung, die Kühlung und das Tiefgefrieren; diese Entwicklungen ermöglichten neuartige Lebensmittel, etwa den gefriergetrockneten Nescafé. Tiefkühlkost etablierte sich in Deutschland in den späten 1930er-Jahren, mochte die Zahl der Kühlaggregate in den Läden auch noch gering sein und der Militärbedarf vorrangig befriedigt werden. Dies ging einher mit immer stärker in Pappe, Papier und Bleche verpackten Markenartikeln (fast 50 Prozent des

Edeka-Umsatzes in den 1930er-Jahren) sowie ersten Kunststoffverpackungen wie Cellophan. Wichtiger noch waren Veränderungen in der Lebensmittelindustrie selbst: Zwischenprodukte wie Granulate, Fertigwürzen und Hefeextrakte erlaubten länger haltbare und preiswertere Gebäcke, Suppen, Saucen und die Speisen der Gemeinschaftsverpflegung. Die Distanz zwischen Herstellung und Verzehr vergrößerte sich zunehmend, das Wissen um Gehalt und Qualität des Angebotes wurde zu einem wachsenden Problem – Debatten über die Verschlechterung der Alltagskost und die »Entwertung« der Nahrung waren die Folge.

Der Zweite Weltkrieg beschleunigte diese Tendenzen, denn die Millionenheere waren vielfach auf verarbeitete Lebensmittel angewiesen. »Austauschstoffe« wie Eipulver oder neue sojabasierte Konserven wurden üblich, Kartoffelflocken und Trockengemüse, ebenso – als Ausgleich – Vitamin- und Mineralstoffpräparate. Einige Erfolgsprodukte der Wirtschaftswunderzeit, etwa die Pfanni-Grundmasse für Klöße und Reibekuchen, standen in dieser wissenschaftlichen Tradition.

In der Nachkriegszeit verstärkte sich die gewerbliche Lebensmittelproduktion beträchtlich: 1958 betrug ihr Anteil bereits mehr als drei Viertel des Gesamtmarktes. Unverarbeitet waren noch vorrangig Kartoffeln und Eier, gering verarbeitet Obst, Gemüse und Fleisch. Der Trend hin zu stetig verfügbaren Lebensmitteln wurde durch die in den späten 1950er-Jahren sich in West- und Ostdeutschland rasch durchsetzende Selbstbedienung beschleunigt: Sichtverkauf ersetzte die Bedienungstheke, der Käufer übernahm frühere Aufgaben der Verkäufer. Dadurch änderten sich die Waren selbst, lose Ware wurde die Ausnahme. Die Ladengrößen wuchsen, die sich in den 1960er-Jahren etablierenden Super- und Verbrauchermärkte bildeten neuartige und zunehmend ästhetisierte Kunstwelten des Verkaufs. Kunststoffverpackungen setzten sich durch, Glas- und Verbundverpackungen machten die Angebote ansehnlicher. Von wenigen Hundert Produkten Anfang der 1950er-Jahre stieg die Zahl angebotener Waren auf fast 3000 um 1970 und ca. 6000 um 1990. Zugleich änderte sich die Struktur der Sortimente:

Getränke und Trockenprodukte legten stark zu, Tiefkühlkost wurde, ebenso wie Konserven, Alltagsware. Mit der Technisierung der Läden und der Lieferwagen konnten dann aber auch zunehmend Frischwaren, insbesondere Obst und Gemüse, integriert werden. Diese kamen vermehrt aus dem europäischen Ausland, obwohl für einheimische Waren massiv geworben wurde (»Aus deutschen Landen frisch auf den Tisch«).

All dies waren internationale Trends, Teil einer Verwestlichung des Lebensmittelangebotes. Parallel nahm die Bedeutung der Außer-Haus-Verpflegung wieder deutlich zu, nachdem bereits während des Zweiten Weltkrieges ein Drittel der Deutschen fremdversorgt worden waren. Kantinen und Schnellimbisse umrahmten den Arbeitsalltag, Eckkneipen und Gaststätten dienten der Entspannung und Geselligkeit – allesamt getragen von verbesserter Großküchentechnik und vorgekochten, gekühlten und getrockneten Zwischenprodukten. Anfang der 1960er-Jahre flossen etwa 10 Prozent der Nahrungsaufwendungen in dieses Segment, in den 1970er-Jahren war es doppelt so viel. Seit den 1960er-Jahren gewann die Systemgastronomie an Bedeutung (»Heute bleibt die Küche kalt, wir gehen in den Wienerwald«), seit Anfang der 1970er-Jahre auch Fast-Food-Ketten wie McDonald's. Parallel entstand erst ein Gaststätten-, dann auch ein Fast-Food-Angebot ausländischer Speisen. Getragen von Urlaubsreisen und »Gastarbeitern« erweiterten sie die Wahlmöglichkeiten um »authentische« italienische, jugoslawische, spanische und dann auch türkische Angebote. Lieferdienste und vom Lebensmittelhandel betriebene Stehcafés, Backshops und Grillcenter ergänzten in den 1980er-Jahren dieses Angebot um »heimische« Produkte. Nicht Burger und Pizza, Döner und Sushi dominieren den deutschen Fast-Food-Markt, sondern belegte Brötchen, Würstchen aller Art, Suppen oder Pommes frites.

Vergessen wir nicht die wissenschaftlichen und technischen Grundlagen all dieser bereits lang zuvor angelegten Veränderungen: Die landwirtschaftliche Produktion wurde chemisiert, mechanisiert und kapitalisiert. Seit Mitte der 1950er-Jahre zunehmend

Abb. 3: Norwegische Cremesuppe: Exotik aus Tüte und Konserve (Quelle: *Spezialitätenküche*, Köln 1973, n. 16).

durch Zollschranken abgesichert und mit massiven Subventionen auf europäische Plangrößen gelenkt, wurden Bauern in fortschreitendem Maße zu reinen Rohstofflieferanten; ihre Produktion war von abstrakten Parametern wie Bodenzusammensetzung, Klimazonen, Zuchtzielen und Handelsklassen stärker geprägt als von Herkunft oder Region. Ertragsstarker (Futter-)Mais wurde um 1960 in Deutschland kaum angebaut, 40 Jahre später waren bereits 400 000 Hektar damit bepflanzt. Die Lebensmittelproduktion konzentrierte sich vermehrt auf Angebote mit hoher Nährstoffdichte, schmackhaft und vor allem einfach zu handhaben. Dies spiegelte eine sich verändernde Arbeitswelt, längere Fahrtwege, vor allem aber die verstärkte Integration der Frauen in den gewerblichen Arbeitsmarkt. Instantprodukte beschleunigten die Getränke- und Speisenzubereitung seit den späten 1950er-Jahren. Die damaligen

Fertiggerichte – anfangs vor allem eingedost – wurden in den 1960er-Jahren durch tiefgekühlte und vorgekochte Speisen in Aluminiumschalen und Kunststoffbeuteln abgelöst, die teils nur noch erhitzt werden mussten. Tiefgekühlte Hähnchen konnten schnell gebacken werden und standen zugleich für massive Veränderungen in der Nutztierhaltung. Komplettmenüs wurden ergänzt durch vorgeputzte und unmittelbar kochfertige Teilkomponenten, etwa Spinat oder Mischgemüse. Diese Convenienceprodukte – man sprach in den 1960er-Jahren von der »Bequemlichkeitswelle« – prägten verstärkt den Küchenalltag und die Rezepte der Kochbücher. Massive Wachstumsraten gab es dann wieder in den 1980er-Jahren durch preiswerte Tiefkühlpizzen und gefrorene Komplettmenüs fern der Aluminiumverpackung.

Dazwischen standen zwei bis heute prägende Veränderungen, nämlich die zunehmende Aromatisierung und die wachsende Bedeutung von Lightprodukten. Erstere kompensierte Geschmacksverluste der Produktion und schuf neuartige Sinneserlebnisse, letztere begrenzte Wohlstandsfolgen von zu viel Fett, Alkohol und Tabak. Mittels Gaschromatografen wurde es seit den 1950er-Jahren einfacher, Aromenspektren zu analysieren und synthetisch nachzubilden. 1970 gab es etwa 1100 künstliche Aromastoffe zur Abrundung der Produkte, die zugleich auch neuartig schmeckende Waren ermöglichten, etwa Kaugummi, Limonaden oder Speiseeis. Um 1980 waren ein Achtel, um 2000 ein Fünftel aller Lebensmittel aromatisiert. Dazwischen lag ein weiterer Technologieschub, nämlich die Verdrängung künstlicher Aromastoffe durch »natürliche« und »naturidentische« Substitute. Auch Lightprodukte profitierten von dem dahinter sichtbaren Trend hin zu »gesünderen« Angeboten, der in den 1990er-Jahren mit dem »Functional Food« nochmals eine paradoxe Steigerung erfuhr. Anders als im späten Kaiserreich wurden nun jedoch nicht allein Genussmittel entgiftet, wenngleich sich erst »leichtere«, seit 1974 auch »nikotinfreie« Zigaretten und ab 1979 gar »alkoholfreie« Biere etablieren konnten. Die neuartigen Lightprodukte waren dagegen zucker- und fettreduziert. Süßstoffe gewannen an Bedeutung, Halbfettmargarine erlaubte kalorienreduzierte Ernährung ohne Reduktion des Streichfetts. Zudem ermöglichte die virtuose Steuerung des Fettgehaltes neue Diätprodukte und eine sich ausweitende Palette von Käsearten.

Die Darstellung von diesem Punkt bis zur Gegenwart fortzusetzen, wäre einfach – doch just diese teils schon wieder mit Patina versehenen Lebensmittel einer kaum vergangenen Vergangenheit verdeutlichen die Härte des Bruchs mit der Tradition. Dies gilt auch, weil die massive Technisierung der Haushalte seit den 1960er-Jahren die zuvor noch beim Handel und der Gastronomie endenden Versorgungsketten nun bis in den privaten Raum verlängert hat: Kühlschränke, Tiefkühlgeräte, Elektroquirle, Küchenmaschinen und Mikrowellen waren Vorleistungen, ohne die ein beträchtlicher Teil des Lebensmittelangebotes heute gar nicht mehr zu nutzen wäre. Die Wahlmöglichkeiten gründeten zugleich auf den seit dem 19. Jahrhundert etablierten, sich im 20. Jahrhundert dann durchsetzenden Versorgungsgütern Wasser, Gas, Elektrizität inklusive deren Abfuhr – all dies war vor 200 Jahren kaum denkbar, mochte man Brunnen und Quellen auch romantisch besungen haben.

Wer bestimmt, was wir essen?

Sie, verehrte Leserin, verehrter Leser, bestimmen selbstverständlich darüber, was Sie essen – doch Ihre Freiheit folgt zugleich dem bekannten Bonmot Friedrich Engels (1820–1895), dass Freiheit »Einsicht in die Notwendigkeit« ist. Sie können sich heute nur noch unter immensen Kosten »selbst« versorgen. Der Publizist Wolfgang Pauser (2002) hatte recht, als er vor zwei Jahrzehnten provokant zuspitzte:

> »Traditionelle Ernährung ist nicht gesund, Natürlichkeit hat keine Tradition, Regionalität ist nicht natürlich und Kochen überhaupt der Inbegriff der Künstlichkeit.«

Betrachten wir das heutige Angebot also mit gebührender Distanz, ohne einer schon im späten 19. Jahrhundert gebrochenen Tradition nachzujagen. Abseits der zuvor ausgebreiteten Entwicklungen scheinen mir zwei Aspekte unseres heutigen Essens wichtig, die Ihnen vielleicht als Rüstzeug für selbstbestimmte Distanz und reflektierte Wahl dienen können.

Erstens ist die moderne Ernährung durch semantische Illusionen gekennzeichnet. Hinter diesem sperrigen Begriff verstehe ich all die vielfältigen und stets widersprüchlichen Aussagen über den Wert des Essens, der Ernährung. Es scheint paradox, doch während wir völlig andere Lebensmittel, völlig andere Lebenszuschnitte als die Menschen vor 200 Jahren haben, nutzen wir vielfach noch die Sprache dieser Zeit – so als wären Kartoffeln um 1800 mit heutigen Kartoffeln gleichzusetzen. Wissenschaft und Wirtschaft haben mit der Tradition der vorindustriellen Zeit gebrochen, doch sie verwenden vielfach noch die Sprache der Alltagsernährung, um ihr Wissen und ihre Angebote marktgängig anbieten zu können. Sprache wurde und ist noch heute Teil einer kommerziellen Wunschwelt. Ein stetig verfügbares, sich von »Küchen«, von Raum und Zeit längst emanzipiertes Lebensmittelangebot bedarf der kontinuierlichen Sinngebung und Ästhetisierung, um in den Märkten des Wissens und der Produkte bestehen zu können. Wir haben gesehen, dass das Attribut »deutsch« sich für die Küche des 19. Jahrhunderts nicht hat durchsetzen können. Wir haben gesehen, dass der Wortstamm »Region« erst im 20. Jahrhundert aufkam, doch in völlig verkürzter Form weiter fleißig Urstände feiert. Fragen wir weiter, nach dem Gehalt von anderen mit Ernährung und Essen verbundenen Begriffen wie »Kraft«, »Qualität«, »Frische«, »Gesundheit«, »Genuss« oder gar »Natur« – unsere wahrlich schwere Aufgabe wäre dann, die den Lebensmitteln und Speisen verloren gegangenen Kontexte genauer zu benennen, ihnen Geschichte, Ernst und Wahrheit zu verleihen. Um selber wählen zu können, wäre eine Sprache zu entwickeln, die mehr enthält als ahnende Sehnsucht nach dem »Guten«, »Echten«, »Urtümlichen«, nach »Bio«, »klimaneutral« oder »vegan«.

Zweitens steht auch dieses Nachsinnen über die gebrochene Macht der Tradition in ähnlichen Verwendungszusammenhängen. Die französischen Soziologen Luc Boltanski und Arnaud Esquerre haben dazu vor wenigen Jahren den Begriff einer »Bereicherungsökonomie« geprägt, der uns abschließend helfen kann, die Beharrungskraft traditioneller und räumlicher Vorstellungen in unserem Kauf- und Essalltag zu verstehen. Demnach ist ein nicht unwichtiger Teil der heutigen Wirtschaft nicht mehr mit der Produktion von funktionalen Gütern oder einschlägigen Dienstleistungen beschäftigt. Nicht mehr Massenproduktion bestimmt unser Wirtschaften, Leben und Essen, sondern auch die Schaffung von Exklusivität. Lokale, regionale, vielfach auch nationale Traditionen werden neu belebt, revitalisiert, um dadurch Wertschöpfung zu ermöglichen. Aus altem stinkendem Käse wird ein Produkt voller Charakter, aus der Härte der handwerklichen Fron das vorbildhafte Schaffen des einfachen Könners. Dies ist ein Geschäft mit Vergangenheit, bei dem unter Verweis auf die verlorenen Welten der vorindustriellen, teils auch der hochindustriellen Zeit Besonderheiten der Alltagskultur, der Speisen und der Nahrungsmittel hervorgehoben werden, die es dann zu kultivieren und zu verfeinern gilt, um sie zu retten, zu Marken aufzubauen, auf Festivals zu präsentieren, sie landlüstig zu beschreiben und als Ziel eines kultivierten Tourismus anzuempfehlen. Vergangene, nicht mehr existierende Küchen werden so zu Habitaten, zu Verfügungsräumen einer wissenden und zahlungskräftigen Elite. In der gesellschaftlichen Breite führt dies zu bemerkenswerten Wandlungen, zum Spielen mit längst zerbrochenen Traditionen: Vor 200 Jahren knappe und begehrte Nahrungsmittel wie Fleisch werden heute von den höheren Schichten verstärkt gemieden, scheinen Kennzeichen fehlender Moral unaufgeklärter Unterschichten. Biokost und Slow-Food knüpfen an ein vielfach imaginäres lokales, bäuerliches Erbe an, während die Oberschicht sich vor 200 Jahren an transportintensiven kolonialen Produkten und den Angeboten der französischen Hochküche labte (also an internationalen Kostformen). Als Fast-Food (Curry, Burger, Pizza) ist sie heute Bestandteil der Billigkost der breiten Mehrzahl der Bevölkerung.

Tradition ist, so hieß es anfangs, nichts Organisches, Originäres, sondern ein steter Überlieferungsfluss, die Weitergabe von Wissen um Alltagsbewältigung, um Herkunft und Identität. Neues mit Rückgriff auf eine einseitig gedeutete Vergangenheit zu schaffen, scheint mir nicht sinnvoll zu sein. Weder semantische Illusionen noch eine wie immer artikulierte Bereicherungsökonomie werden uns helfen, die Aufgaben des Tages zu bewältigen, gar selbst mitzubestimmen, was wir essen. Dazu sind einfache Frage wissend und bohrend zu stellen: Wer setzt die Strukturen unseres Essens, unserer Ernährung? Wer besitzt dabei Entscheidungsmacht? Wem nutzt dies? Und schließlich: Ist das in Ihrem, in meinem Sinne? Finden wir hierauf Antworten, so könnten an die Stelle von Trauerarbeit über gebrochene Traditionen vielleicht neue Traditionen treten.

Literatur

Barlösius, Eva (2016): Soziologie des Essens. Eine sozial- und kulturwissenschaftliche Einführung in die Ernährungsforschung, 3. Aufl. Weinheim, Basel: Beltz

Boltanski, Luc; Esquerre, Arnaud (2018): Bereicherung. Eine Kritik der Ware. Berlin: Suhrkamp

Pauser, Wolfgang (2002): Die ›regionale Küche‹. Anatomie eines modernen Phantasmas. In: Voyage, 5, S. 10–16

Spiekermann, Uwe (2018): Künstliche Kost. Ernährung in Deutschland, 1840 bis heute. Göttingen: Vandenhoeck & Ruprecht

Wiegelmann, Günter (2006): Alltags- und Festspeisen. Innovationen, Strukturen und Regionen vom späten Mittelalter bis zum 20. Jahrhundert, 2. Aufl. Münster u. a.: Waxmann

Business Lebensmittelsektor: Was passiert zwischen Acker und Teller?

Julia Höhler

Der Lebensmittelsektor ist – gemessen an seinem Umsatz und der Anzahl der Beschäftigten – einer der wichtigsten Wirtschaftsbereiche in Deutschland. Folgt man Berechnungen des Lebensmittelverbands, so lag sein Anteil an der Bruttowertschöpfung mit 6,5 Prozent im Jahr 2019 knapp hinter dem Maschinenbau und der Automobilindustrie. EU-weit gilt die Lebensmittelbranche hinsichtlich der Zahl der Beschäftigten und ihrer Wertschöpfung sogar als der größte verarbeitende Sektor. Ein Blick ins Supermarktregal verrät die Vielfalt der Lebensmittel, zu denen Agrarprodukte wie

Milch, Fleisch, Getreide, Ölfrüchte, Zuckerrüben, Obst und Gemüse nach Verlassen des Hoftors verarbeitet werden. Dass eine beliebte Schokoladenmarke nicht aus der Milch von lila Kühen hergestellt wird, dürfte den meisten Verbraucherinnen und Verbrauchern klar sein – doch was passiert zwischen Milch und Schokolade, Weizen und Baguette oder Schwein und Schnitzel?

Fertige Lebensmittel erreichen die Teller der Konsumentinnen und Konsumenten meist über eine Vielzahl von Wertschöpfungsstufen, die in diesem Kapitel einer näheren Betrachtung unterzogen werden sollen. Im Weiteren wird ein prägnanter Einblick in die Funktionsweise des deutschen Lebensmittelsektors im 21. Jahrhundert eröffnet und analysiert, welche Verzahnungen und Dynamiken zwischen seinen verschiedenen Bereichen bestehen und inwiefern nicht zuletzt auch politisch-ethische Zielsetzungen den Wandel der Branche bestimmen. Als Orientierung dient dem Beitrag folgende Abbildung, die eine stark vereinfachte Schematisierung des Sektors darstellt.

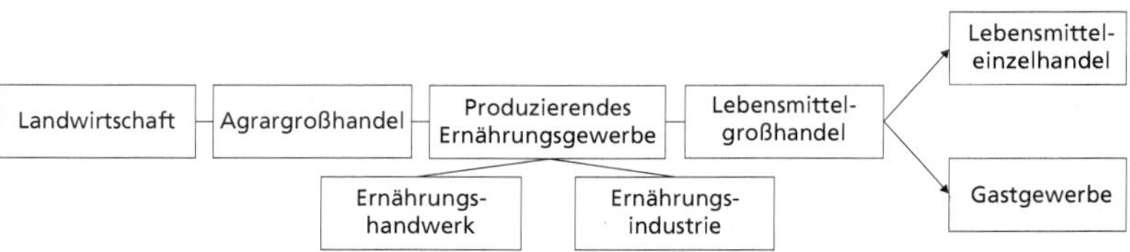

Abb. 1: Vereinfachte Darstellung des Lebensmittelsektors.

Der Weg vom Ausgangsprodukt zu seiner Verwendung wird auch als »Wertschöpfungskette« oder »Value Chain« bezeichnet. Gleichwohl diese Begriffe das Bild eines geradlinigen Ablaufs vor Augen rufen, sind die Stufen innerhalb dieser Kette vielfältiger, verlaufen die Verknüpfungen zwischen ihnen nicht linear; Stufen werden übersprungen oder übernehmen mehrere Funktionen auf einmal, Produkte werden importiert und exportiert, Dienstleistungsunternehmen übernehmen die Logistik oder versichern die Waren.

Wertschöpfungsketten für verschiedene Lebensmittel unterscheiden sich in vielerlei Aspekten: Einer davon ist der Grad der *vertikalen Integration* einer Kette. Dieser beschreibt die Fertigungstiefe, die einzelne Unternehmen abbilden, und beantwortet damit die Frage, wie viele Wertschöpfungsschritte in einem Unternehmen stattfinden. Wird das Schwein im Unternehmen nur zerlegt oder dort auch weiterverarbeitet, verpackt und vermarktet? Wird der Weizen in der Mühle lediglich vermahlen oder im gleichen Unternehmen auch zur Herstellung von Backwaren verwendet? Als Beispiel für einen Teilbereich des Lebensmittelsektors mit hoher vertikaler Integration dient die Produktion von Geflügelfleisch: Unternehmen in dieser Wertschöpfungskette stellen den unter Vertrag stehenden Mastbetrieben Jungtiere und Futter zur Verfügung, führen die Schlachtung durch und vermarkten anschließend das Geflügelfleisch. Ein weiterer Unterschied zwischen Wertschöpfungsketten besteht in der Konzentration der Branchen: Während etwa in der Zuckerindustrie drei Verarbeitungsunternehmen den deutschen Markt beherrschen, sind es in der Herstellung von Backwaren und Teigwaren derzeit knapp 2500 Unternehmen (ab 20 Beschäftigten, BMEL Statistik, 2021).

Die folgenden Unterpunkte stellen die verschiedenen Stufen der Wertschöpfungsketten für Lebensmittel im Allgemeinen dar, wobei anschließend Einblicke in die Herstellung und Verarbeitung ausgewählter Branchen erteilt und abschließend wichtige Herausforderungen und Trends thematisiert werden.

Landwirtschaft

In Deutschland existierten im Jahr 2020 in etwa 260 000 landwirtschaftliche Betriebe, von denen rund 65 Prozent Nutzvieh hielten und ein Zehntel ökologisch wirtschafte (»Bio-Betriebe«). Fast die Hälfte der knapp 940 000 landwirtschaftlichen Arbeitskräfte sind

Familienangehörige. Im Durchschnitt bewirtschaftet jeder Betrieb rund 63 Hektar – eine Fläche, die ungefähr 88,5 Fußballfeldern entspricht. Viele Betriebe haben sich auf bestimmte Produktionsrichtungen wie Milchviehhaltung, Ackerbau oder Schweinemast spezialisiert. Regionale Unterschiede bestehen in der Spezialisierung und der Betriebsgröße; so finden sich in Bayern eher kleinere Betriebe, während die Betriebsgröße in den neuen Bundesländern deutlich über dem Bundesdurchschnitt liegt.

Die Landwirtschaft ist seit Jahren von einem Strukturwandel geprägt: Während die durchschnittliche Betriebsgröße kontinuierlich ansteigt, sinkt die Zahl der landwirtschaftlichen Betriebe. Kleine und mittlere Betriebe scheiden aufgrund fehlender Hofnachfolge und hoher Investitionsbedarfe häufiger aus; bestehende Betriebe wachsen, indem sie die Flächen der aufgegebenen Betriebe übernehmen und weitere Investitionen tätigen. Dieser Wandel wird durch technische Fortschritte und steigende Produktionsanforderungen weiter angetrieben und geht mit einer höheren Effizienz der verbleibenden Betriebe einher. Ein landwirtschaftlicher Betrieb ernährte laut Bundesanstalt für Landwirtschaft und Ernährung im Jahr 2018 134 Menschen – fast doppelt so viele wie noch im Jahr 1990.

Im Jahr 2020 entfielen 39 Prozent der Umsatzerlöse in der Landwirtschaft auf pflanzliche Produkte, insbesondere Weichweizen, Speisekartoffeln und Gemüse. 61 Prozent der Umsatzerlöse wurden durch den Verkauf tierischer Produkte, wie Milch, Schweine-, Rind- und Geflügelfleisch, erzielt. Wie viel von den Verbraucherpreisen dabei jeweils im landwirtschaftlichen Betrieb ankam, schwankte je nach Produkt: Bei Brot waren es 2019 schätzungsweise 4 Prozent der Verbraucherausgaben, bei Milch hingegen 39 Prozent und bei Eiern 43 Prozent. Neben dem Absatz auf dem heimischen Markt verlassen viele Produkte Deutschland als Exporte; nach den USA und den Niederlanden war das Land 2019 der drittgrößte Agrarexporteur der Welt. Der Selbstversorgungsgrad – das Verhältnis von selbst erzeugter zu selbst verbrauchter Menge – lag bei Getreide, Kartoffeln, Zucker, Fleisch und Milch über

100 Prozent – d. h., Überschüsse konnten exportiert werden. Für andere Produkte ist Deutschland jedoch ein Nettoimporteur. So lagen die Selbstversorgungsgrade für Obst und Gemüse 2018 bei 35,7 Prozent und für Eier bei 71,8 Prozent.

Neben den Umsatzerlösen aus dem Verkauf landwirtschaftlicher Erzeugnisse stellen Direktzahlungen im Rahmen der Gemeinsamen Agrarpolitik (GAP) der EU eine weitere Einkommensquelle für landwirtschaftliche Betriebe dar. Teile der Zahlungen sind an die Durchführung sogenannter »Greening-Maßnahmen« zur Förderung von Klima- und Umweltschutz geknüpft. Über diese direkte Unterstützung hinaus versucht die EU, schwierige Marktsituationen mit verschiedenen Marktmaßnahmen auszugleichen: EU-Mitgliedsstaaten können etwa zur Stabilisierung von Märkten Agrarprodukte aufkaufen oder die private Lagerhaltung finanziell unterstützen. Weitere EU-Mittel stehen für die Entwicklung des ländlichen Raums, Klima- und Umweltschutzmaßnahmen, die sogenannte »zweite Säule« der GAP, zur Verfügung. Mit der »Farm-to-Fork«-Strategie (»Vom Hof auf den Tisch«), der jüngsten Reform der GAP, strebt die EU eine stärkere Verknüpfung der Zahlungen mit Umweltauflagen an. Betriebe, die freiwillige Maßnahmen zum Umweltschutz ergreifen, sollen bspw. eine höhere Prämie erhalten.

Agrargroßhandel

Viele landwirtschaftliche Produkte passieren auf ihrem Weg vom Hoftor ins Supermarktregal auch die Regale des Agrargroßhandels. Die hier tätigen Unternehmen erfassen dezentral verschiedenste landwirtschaftliche Produkte, wie etwa Getreide, Kartoffeln und Ölsaaten. Sie sortieren und lagern diese, und vermarkten sie anschließend an die nachfolgenden Stufen des Lebensmittelsektors. Als nächste Stufe schließt sich oftmals der zentrale Agrargroßhandel an, der Rohwaren zu größeren Einheiten bündelt und an

Verarbeitungsunternehmen weiterverkauft. Ein wesentlicher Akteur des Agrargroßhandels ist der Landhandel, dessen Getreidesilos auch heute noch das Bild vieler Dörfer und Kleinstädte prägen. Landhandelsunternehmen kaufen und verkaufen nicht nur landwirtschaftliche Produkte, sondern versorgen landwirtschaftliche Betriebe auch mit Betriebsmitteln, wie bspw. Futter- oder Düngemitteln. Bei der Vermarktung von Obst und Gemüse übernehmen hingegen sogenannte Erzeugergroßmärkte häufig die Weitervermarktung. Auch Schlachtvieh wird zunächst meist von einem Händler aufgekauft; bei Milch erfolgt die Lieferung jedoch in der Regel direkt an die verarbeitende Molkerei, ohne Einschaltung einer zusätzlichen Handelsstufe.

Produzierendes Ernährungsgewerbe

Mehr als 80 Prozent der landwirtschaftlichen Erzeugnisse werden durch das produzierende Ernährungsgewerbe zu Lebensmitteln weiterverarbeitet; dieses umfasst das Lebensmittelhandwerk und die Lebensmittelindustrie. In der amtlichen Statistik werden die Bereiche des Ernährungsgewerbes wie folgt untergliedert:

- Schlachten und Fleischverarbeitung
- Fischverarbeitung
- Obst- und Gemüseverarbeitung
- Herstellung von pflanzlichen und tierischen Ölen und Fetten
- Milchverarbeitung
- Mahl- und Schälmühlen
- Herstellung von Stärke und Stärkeerzeugnissen
- Herstellung von Back- und Teigwaren
- Herstellung von sonstigen Nahrungsmitteln (bspw. Süßwaren und Kaffee)
- Herstellung von Futtermitteln und Getränkeherstellung

In der Fleisch- und Milchverarbeitung werden die höchsten Umsätze erzielt; die meisten Beschäftigten können in der Produktion von Backwaren und in der Fleischverarbeitung verzeichnet werden.

Lebensmittelhandwerk

Dem Lebensmittelhandwerk werden laut Lebensmittelverband (2021) 32 200 Unternehmen zugerechnet. Es umfasst Bäckereien, Konditoreien, Fleischereien und Metzgereien, Mühlen, Brauereien, Mälzereien und Kellereien. Ihre Produkte verkaufen die Unternehmen des Lebensmittelhandwerks häufig in eigenen Geschäften. Besonders die Zahl der Metzgereien und Bäckereien hat in den letzten Jahren deutlich abgenommen. Ein möglicher Grund liegt in der zunehmenden Konkurrenz mit dem Lebensmitteleinzelhandel, der vergleichbare Produkte oft zu niedrigeren Preisen anbieten kann. Hinzu kommt das veränderte Einkaufsverhalten vieler Verbraucherinnen und Verbraucher: Statt verschiedene Einkaufsstätten anzusteuern, wird der Lebensmittelkauf an einer Stelle (»One-Stop-Shopping«) meist als bequemer wahrgenommen – Nachsehen hat hier die Metzgerei im Heimatort. Einzelnen Unternehmen gelingt es jedoch, mit innovativen Konzepten und Produkten gegen den Trend zu wachsen.

Lebensmittelindustrie

Der Lebensmittelindustrie werden derzeit 6100 Unternehmen mit rund 618 000 Mitarbeiterinnen und Mitarbeitern zugerechnet. Überwiegend sind die Unternehmen klein und mittelständisch strukturiert. Neben den vielen Mittelständlern existiert jedoch auch eine Zahl bekannter, international operierender Großkonzerne, wie bspw. die Oetker-Gruppe, die Unternehmensgruppe Theo Müller oder das Fleischverarbeitungsunternehmen Tönnies. Im Jahr 2019 wurden etwa 21 Prozent der Produkte, die der deutschen Lebensmittelindustrie entstammen, exportiert.

In der Fleischverarbeitung hatten im Jahr 2018 die sechs größten Unternehmen einen Anteil von 25,1 Prozent am Gesamtumsatz der Branche. In der Milchverarbeitung betrug diese Zahl im gleichen Jahr 32,2 Prozent, in der Herstellung von Süßwaren 46,1 Prozent und in der Verarbeitung von Kartoffeln 78,1 Prozent. In einigen Branchen hat die Unternehmenskonzentration in den letzten Jahren durch Unternehmenszusammenschlüsse und Übernahmen weiter zugenommen. Gleichwohl weitere Faktoren hierfür eine Rolle spielen, kann die Unternehmenskonzentration doch hilfreich für die Beurteilung von Machtverhältnissen in den Wertschöpfungsketten sein – denn eine hohe Unternehmenskonzentration begünstigt tendenziell Abhängigkeitsverhältnisse und die Ausübung von Marktmacht gegenüber Lieferanten oder Kunden.

Lebensmittelgroßhandel

Auf ihrem Weg zum Teller gelangen viele Produkte auch in den Lebensmittelgroßhandel, der mit einem Umsatz von 230,4 Milliarden Euro im Jahr 2018 den größten Anteil an den Umsätzen des Sektors ausmachte. Die Großhändler versorgen bspw. Lebensmittelmärkte, Gaststätten, Hotels oder Unternehmen des produzierenden Ernährungsgewerbes; daneben sind sie auch im Import und Export von Produkten aktiv.

Lebensmitteleinzelhandel

Der Lebensmitteleinzelhandel lässt sich je nach Sortimentsumfang, Preisniveau und Verkaufsfläche in unterschiedliche Formate einteilen, von denen Discounter, Supermärkte und Verbrauchermärkte den meisten Einkaufenden vertraut sein dürften. Im Vergleich zu anderen europäischen Ländern spielt der Verkauf von Lebensmitteln über das Internet in Deutschland derzeit keine große Rolle – jedoch könnten die Corona-Pandemie und Start-ups, wie der 2020 gegründete Lieferdienst Gorillas, dies langfristig ändern. Im Weinmarkt verzeichnet der Online-Handel bereits höhere Marktanteile. Der Lebensmitteleinzelhandel ist hoch konzentriert; drei Viertel des Marktes teilen sich die vier größten Unternehmensgruppen Edeka (u. a. Edeka, Netto), Schwarz (u. a. Lidl, Kaufland), Rewe (u. a. Rewe, Penny) und Aldi (Süd und Nord). Neben den deutschlandweit tätigen Händlern gibt es eine Reihe von Unternehmen, die nur regional verbreitet sind und in ihren jeweiligen Regionen größere Marktanteile verzeichnen. Beispiele sind die Bünting-Gruppe in Nordwestdeutschland und tegut in Mittel- und Südwestdeutschland.

Der Lebensmitteleinzelhandel gilt als »Gatekeeper« (»Pförtner«), der Preise und Standards in Verhandlungen mit den Lebensmittelherstellern oft zu seinen Gunsten beeinflusst. Ein Grund hierfür liegt im Machtgefälle zwischen den einzelnen Herstellern und dem Handel: Während für Erstere die Umsätze mit dem Handel von hoher Bedeutung sind, macht für Letzteren der Umsatz mit einem Hersteller häufig nur einen Bruchteil der Gesamtumsätze aus. Mit eigenen Handelsmarken, z. B. ja! (rewe) und gut & günstig (Edeka), oder gar eigenen Produktionsstätten tritt der Lebensmitteleinzelhandel zusätzlich in Konkurrenz zur Lebensmittelindustrie und zum -handwerk. Genannt seien hierzu etwa in der Filiale aufgestellte (Auf-)Backautomaten oder eigene Verarbeitungsbetriebe, wie das Fleischverarbeitungsunternehmen Wilhelm Brandenburg oder die Glocken-Bäckerei der Rewe-Gruppe. Zudem haben sich verschiedene europäische Lebensmitteleinzelhändler zu Einkaufsgemeinschaften zusammengeschlossen, was in Verhandlungen mit dem produzierenden Ernährungsgewerbe weitere Vorteile für die Händler birgt; so wurden in Verhandlungen mit Nestlé in verschiedenen europäischen Ländern wochenlang Produkte ausgelistet, bis eine Einigung erlangt werden konnte. Die größte Einkaufsgemeinschaft erzielte 2021 einen Umsatz von 183 Milliarden Euro.

Gastgewerbe

Das Gastgewerbe in Deutschland zählt mehr als zwei Millionen Beschäftigte in über 230 000 Betrieben und verzeichnet einen Branchenumsatz von etwa 80 Milliarden Euro netto pro Jahr. Zur Versorgung von Verbraucherinnen und Verbrauchern nutzt es eine breite Palette von Formaten; diese reichen von mobilen Lebensmittelwagen oder Fast-Food-Lokalen hin zu Restaurants und umfassen Cafés, Eckkneipen, Bars wie auch Cocktail-Lounges. Ebenfalls erfasst sind Betriebskantinen, Cateringservices oder gastronomische Angebote im Rahmen von Verkehrsdiensten, in Hotels oder auf Campingplätzen. Die höchsten Umsätze werden in der Bedien- und Schnellgastronomie erzeugt.

Einblicke in ausgewählte Branchen

Milchbranche

Deutschland ist der größte Milcherzeuger in der EU: Hier gibt es derzeit etwa 56 000 milchviehhaltende Betriebe, die im Durchschnitt 70 Milchkühe halten und zusammen gut 33 Millionen Tonnen Milch produzieren. Jede Milchkuh gibt damit im Schnitt 8500

Kilogramm Milch pro Jahr. Der Bio-Anteil liegt bei 3,9 Prozent, während die restliche Milch konventionell erzeugt wird. Im Jahr 2020 erhielten die Betriebe für ein Kilogramm konventionell erzeugte Milch im Schnitt 32,8 Cent von ihren Molkereien, für ein Kilogramm Bio-Milch wurden durchschnittlich 48,2 Cent gezahlt. Im Jahr 2018 waren 155 Molkereien mit mehr als 20 Beschäftigten tätig. Pro Kopf verbrauchten deutsche Konsumentinnen und Konsumenten im Jahr 2020 rund 50 Kilogramm Konsummilch; rechnet man den Verbrauch von Milchmischgetränken, Käse, Sahneerzeugnissen, Butter und Milchfetterzeugnissen hinzu, lag der Verbrauch bei 120 Kilogramm.

Als leicht verderbliches Produkt muss die Milch nach dem Melken gekühlt werden. Mehrfach pro Woche wird sie durch ein Molkereifahrzeug abgeholt und zur Molkerei transportiert. Dort angekommen, wird die Milch in der Regel gereinigt, entrahmt, erhitzt und homogenisiert, um anschließend zu Konsummilch abgepackt oder zu Produkten wie Joghurt weiterverarbeitet zu werden. Fast die Hälfte der deutschen Milchproduktion wird zu Käse weiterverarbeitet. Angetrieben durch Trends zu mehr Regionalität, Nachhaltigkeit und Gesundheit liegen Wachstumsmöglichkeiten in den Bereichen Bio-Milch, laktosefreie Milch und in Produkten mit höherem Proteingehalt, aber auch in veganen Milchalternativen.

Der Milchsektor hat in den vergangenen Jahren einen starken Wandel erlebt: Nach der Abschaffung der Milchquote im Jahr 2015 hat sich die Zahl der milchviehhaltenden Betriebe weiterhin reduziert, während die Milchpreise im Vergleich zur Zeit vor der Quotenabschaffung zunehmende Schwankungen aufweisen. Wiederholt haben Milcherzeugerinnen und Milcherzeuger seither beklagt, dass die Milchpreise nicht ausreichen, um die Produktionskosten zu decken. Der in Deutschland an Erzeugerinnen und Erzeuger gezahlte Milchpreis hängt stark von den Weltmarktpreisen ab. Zudem handelt es sich bei Milch um ein homogenes Produkt, das als sogenannter »Eckartikel« gilt: Viele Verbraucherinnen und Verbraucher vergleichen das Preisniveau solcher häufig gekaufter Artikel zwischen verschiedenen Einkaufsstätten und beurteilen daran das Preisniveau eines Lebensmitteleinzelhändlers – höhere Preise zu etablieren, wie es bspw. im Fall der »fairen Milch« geschehen sollte, gestaltet sich aus diesen Gründen als schwierig.

Kostenart	Kosten (Cent/Liter)	Anmerkungen
Rohmilch	30,0	Preis ab Hof
Erfassung	1,5	Transport Molkerei
Verarbeitung	8,5	
Verwaltung	0,3	Verwaltung + Marge
Verpackung	8,5	Karton
Zertifizierung	0,2	
Lagerung/Logistik	2,5	
Entsorgung	1,6	Grüner Punkt
Handelsspanne	11,4	Kosten + Marge LEH
Nettopreis	64,5	
Mehrwertsteuer	4,5	7% Mehrwertsteuer
Verbraucherpreis	69,0	Inkl. Mehrwertsteuer

Abb. 2: Preis und Kosten für einen Liter Vollmilch mit 3,5 % Fett im Milchkarton mit Schraubverschluss im Jahr 2018.

Eine exemplarische Berechnung des Instituts für Ernährungswirtschaft Kiel aus dem Jahr 2018 zeigt, wie sich Wert und Kosten der Milch auf die einzelnen Stufen der Wertschöpfungskette verteilen. Bei einem Verbraucherpreis von 69 Cent für einen Liter Vollmilch entfallen – vor der Mehrwertsteuer von 4,5 Cent – allein 11,4 Cent auf die Handelsspanne des Lebensmitteleinzelhandels. Weitere Kosten entstehen durch Entsorgungsgebühren, Lagerung und Logistik, Zertifizierung, Verpackung, Verwaltung, Verarbeitung und Erfassung durch die Molkerei. Wie der Abbildung zu entnehmen ist (▶ Abb. 2), erhält der Erzeugerbetrieb demnach 30 Cent pro Liter Milch. Insgesamt erschwert die fehlende Markttransparenz Aussagen zur Verteilung von Gewinnen entlang der Wertschöpfungskette.

Fleischbranche

Landwirtschaftliche Betriebe in Deutschland halten zusammen rund 25 Millionen Schweine, 11,2 Millionen Rinder und etwa 100 Millionen Masthühner und -hähne. Auch in diesem Bereich setzt sich der Strukturwandel fort, sodass die Zahl der Betriebe sinkt und die Zahl der Tiere pro Betrieb kontinuierlich steigt; gleichzeitig geht der gesamte Tierbestand an Nutztieren seit Jahren zurück. Geschlachtet werden die Tiere zum großen Teil in der Lebensmittelindustrie: Hier existieren rund 1300 Unternehmen in der Zerlegung und Verarbeitung, wobei die größten zehn Unternehmen etwa 24 Prozent des Umsatzes auf sich vereinen. Im Jahr 2020 wurden in Deutschland etwa 57 Kilogramm Fleisch pro Person konsumiert, davon 10 Kilogramm Rindfleisch, 33 Kilogramm Schweinefleisch und 13 Kilogramm Hühnerfleisch. Der Pro-Kopf-Verbrauch von Fleisch hat in Deutschland über die letzten Jahrzehnte leicht abgenommen, wobei der Anteil von Geflügelfleisch im Vergleich zu Schweine- und Rindfleisch zunahm. Weltweit steigen hingegen Erzeugung und Verbrauch von Fleisch tendenziell.

Rinder für die Fleischerzeugung werden entweder von spezialisierten Mastbetrieben gehalten oder kommen aus der Milchproduktion. Die Haltung von Schweinen ist vergleichsweise hoch spezialisiert und untergliedert sich in Betriebe für Zucht, Jungsauenaufzucht, Ferkelerzeugung, Ferkelaufzucht und Mast. Ähnlich hoch spezialisiert ist die Haltung von Masthähnchen und Puten, die sich in Betriebe für die Zucht von Elterntierküken und ihrer Vermehrung, Brütereien und die eigentlichen Mastbetriebe aufteilt. Insbesondere die Haltung von Schweinen und Geflügel ist stark regional konzentriert, wobei Niedersachsen eine besonders hohe Dichte an Betrieben aufweist. Die Schlachtung der Tiere findet meist in Großbetrieben statt; einige von diesen Betrieben verarbeiten das Fleisch direkt weiter, andere verkaufen es an spezialisierte Verarbeitungsunternehmen. Ein wichtiger Aspekt in der Fleischverarbeitung ist die Vermarktung von Teilstücken: Während Verbraucherinnen und Verbraucher in Deutschland wertvolle Teilstücke konsumieren, werden die übrigen Teilstücke häufig über den Export vermarktet.

Auch die Fleischbranche befindet sich im Wandel – dies steht nicht zuletzt in engem Zusammenhang mit der harschen Kritik, die ihr in den vergangenen Jahren aufgrund der als problematisch erachteten Tierhaltungsbedingungen erteilt wurde. Lebensmitteleinzelhändler führten daraufhin verschiedene Tierwohlprogramme ein; auf politischer Ebene wurde über die Einführung eines staatlichen Tierwohlsiegels debattiert. Zugleich gewannen und gewinnen auch vegetarische oder vegane Alternativen zu Fleisch an Bedeutung. Diese Entwicklung ist auch der zunehmenden Kritik am Ressourcenverbrauch und an den Klimaauswirkungen der Fleischproduktion geschuldet. Viele fleischverarbeitende Unternehmen erlitten während der Corona-Pandemie Umsatzeinbußen, die einerseits aus den fehlenden Möglichkeiten für Außer-Haus-Verzehr und andererseits aus veränderten Ernährungsgewohnheiten resultieren dürften. Hinzu kommt das Auftreten der afrikanischen Schweinepest, das einen Exportstopp und Preiseinbrüche bei Schweinefleisch begünstigte.

Backwaren

Auf einer Fläche von etwa 6 Millionen Hektar wird in Deutschland Getreide angebaut. Die wichtigste Feldfrucht ist – auf mehr als einem Viertel der Fläche – der Winterweizen, gefolgt von Mais und

Wintergerste. Im Jahr 2020 wurden knapp 22 Millionen Tonnen Winterweizen auf deutschen Feldern geerntet, was einem Hektarertrag von knapp 8 Tonnen entspricht. Nach der Ernte wird das Getreide gereinigt und in Silos eingelagert. Diese Schritte geschehen entweder auf dem landwirtschaftlichen Betrieb, bei einem Landhändler oder direkt bei einer der knapp 200 Mühlen in Deutschland. Nur Getreide mit einer bestimmten Mindestqualität, etwa hinsichtlich Fremdbesatz, Feuchtigkeit und Proteingehalt, wird zu Mehl weiterverarbeitet. Getreide, das diese Qualitätsstandards nicht erfüllt, wird als Tierfutter oder zur Herstellung von Bioenergie genutzt. In der Mühle erfolgt nach zusätzlichen Reinigungsschritten das Vermahlen des Getreides. Das Mehl und Nebenprodukte wie Kleie werden abgepackt und an die Betriebe des produzierenden Ernährungsgewerbes oder den Handel weiterverkauft. Bei der Herstellung von Backwaren ist die Unternehmenskonzentration vergleichsweise gering. Die sechs größten Unternehmen vereinen rund 15 Prozent der Umsätze auf sich. Im Jahr 2020 zählte das Bäckerhandwerk gut 10 000 Betriebe.

Während der Getreidepreis in Deutschland stark vom Weltmarktpreis abhängig ist und regelmäßig Schwankungen unterliegt, sind die Preise für Backwaren in den letzten Jahren relativ stabil. Dies lässt sich vor allem darauf zurückführen, dass Getreide nur einen kleinen Anteil an den Endverbraucherpreisen ausmacht.

Herausforderungen und Trends

Allen Unternehmen im Lebensmittelsektor ist gemein, dass sie in einem vergleichsweise schwierigen Marktfeld operieren – zwar ist die Branche weniger stark Konjunkturschwankungen unterworfen als andere Branchen, doch verglichen mit den meisten anderen europäischen Ländern geben die Deutschen nur einen geringen Teil ihres Einkommens für Lebensmittel und nicht-alkoholische

Getränke aus. Während es für 2020 in Deutschland etwa 12 Prozent waren, betrug der Anteil an Ausgaben am Einkommen bspw. in Frankreich 15 Prozent und in Spanien knapp 16 Prozent; die Lebensmittelpreise in Deutschland befinden sich hingegen etwa im europäischen Durchschnitt. Der Markt gilt zudem als gesättigt, sodass Marktanteile häufig nur durch die Verdrängung anderer Unternehmen gewonnen werden können.

Im Rahmen des »Green New Deal« hat die Europäische Kommission angekündigt, die Europäische Union bis zum Jahr 2050 klimaneutral zu machen, wofür in der »Farm-to-Fork-Strategie« eine Reihe von Zielen für den Lebensmittelsektor formuliert wird. Im Kern soll ein nachhaltiger und resilienter Sektor erreicht werden, der erschwingliche Lebensmittel und Ernährungssicherheit gewährleistet und gleichzeitig zur Eindämmung des Klimawandels und des Verlustes von Biodiversität beiträgt. Zu diesem Zweck sollen die ökologische Bewirtschaftung von Flächen ausgebaut und das Tierwohl auf den landwirtschaftlichen Betrieben verbessert werden, während simultan dazu der Einsatz von Pestiziden und Düngemitteln reduziert wird. Zudem wird anvisiert, Lebensmittelverluste zu verringern und nachhaltige Ernährungsweisen zu fördern. Der angestrebte Wandel erfordert von den Betrieben zunächst Investitionen und wird, so verschiedene Studien, mit geringeren Produktionsmengen, höheren Lebensmittelpreisen und einem steigenden Flächenbedarf für die Produktion einhergehen.

Die Ernährungsindustrie bringt jährlich etwa 1500 Produktinnovationen auf den Markt, von denen Schätzungen zufolge nur 15 bis 20 Prozent erfolgreich sind. Mangelnde Zahlungsbereitschaft, fehlende Verbraucherakzeptanz und das stark habitualisierte Einkaufsverhalten vieler Verbraucherinnen und Verbraucher erschweren die langfristige Etablierung neuer Produkte. Derzeitige Innovationsfelder umfassen pflanzenbasierte Milch- und Fleischalternativen. Eine weitere treibende Kraft ist der Lebensmitteleinzelhandel: Dessen Ankündigung, künftig nur noch Frischfleisch höherer Tierwohlstufen vermarkten zu wollen, würde vor allem bei schweineerzeugenden Betrieben hohe Investitionen erfordern – nicht zuletzt verdeutlicht dieses Beispiel, dass sich Entscheidungen einzelner Stufen auf weitere Glieder der Kette auswirken können und politisch-ethische Diskurse auch Dynamiken innerhalb der Branche in Gang setzen. Es wirft zudem die Frage auf, ob der Sektor potenziell dazu in der Lage ist, Herausforderungen selbst zu lösen und dabei politische Entscheidungsfindungsprozesse zu »überholen«.

Fazit

Der Lebensmittelsektor ist vielfältig wie das Sortiment der Lebensmittel selbst. Dieses Kapitel hat schematisch die wichtigsten Akteure zwischen Acker und Teller vorgestellt. Einblicke in unterschiedliche Stufen und Branchen haben gezeigt, dass jede von ihnen vor ganz eigenen Aufgaben steht. Gleichzeitig fordern sektorübergreifende Herausforderungen und Trends, wie der Wandel zu mehr Nachhaltigkeit und Tierwohl, auch sektorübergreifende Lösungen. Bei der Entwicklung solcher Lösungen sind sowohl die Unternehmen als auch die Politik gefordert.

Literatur

BMEL Statistik (2021): Lebensmittelindustrie. Online: https://www.bmel-statistik.de/ernaehrung-fischerei/ernaehrungsgewerbe/lebensmittelindustrie [zuletzt aufgerufen am 16.01.2022]

Bundeskartellamt (2014): Sektoruntersuchung Lebensmitteleinzelhandel. Darstellung und Analyse der Strukturen und des Beschaffungsverhaltens auf den Märkten des Lebensmitteleinzelhandels in Deutschland

Bundesinformationszentrum Landwirtschaft (2021): Wie werden unsere Lebensmittel erzeugt? Online: https://www.landwirtschaft.de/landwirtschaftliche-produkte/wie-werden-unsere-lebensmittel-erzeugt [zuletzt aufgerufen am 14.01.2022]

German Journal of Agricultural Economics (2020): Supplement. Online: https://www.gjae-online.de/articles_issue/2020-69-supplement/ [zuletzt aufgerufen am 12.01.2022]

Lebensmittelverband (2021): Lebensmittelwirtschaft. Online: https://www.lebensmittelverband.de/de/lebensmittel/wirtschaft-branche [zuletzt aufgerufen am 16.01.2022]

Strecker, Otto; Strecker, Otto A.; Elles, Anselm; Weschke, Hans-Dieter; Kliebisch, Christoph (2010): Marketing für Lebensmittel und Agarprodukte. Frankfurt a. M.: DLG

Die Ernährungsindustrie am Pranger

Veronika Settele

1993 tauchte verdorbenes Fleisch in den Kühlregalen der Supermärkte auf. Es war schleimig, roch ekelerregend und war zum Teil mit Fäkalbakterien infiziert. Recherchen ergaben, dass in manchen Schlachthöfen, etwa der Norddeutschen Fleischzentrale oder dem Schlachthof Heilbronn, bereits verdorbenes Fleisch verarbeitet wurde. Eine anschließende größere Überprüfung führte zu dem Ergebnis, dass nur ein Viertel der getesteten deutschen Schlachthöfe keine Hygienemängel wie Mäuse oder Ratten, Rost oder defekte Kühlkammern aufwies. Im Jahr 2005, gute zehn Jahre später, brach sich ein erneuter »Ekelfleischskandal« Bahn. Diesmal stand

Bayern im Zentrum der Aufmerksamkeit. Zum Teil seit mehreren Jahren abgelaufenes, tiefgekühltes Hackfleisch wurde umetikettiert in den Handel gebracht. Daraufhin verschärfte Kontrollen fanden immer wieder verdorbenes Fleisch von Rindern, Puten und Hühnern in Kühlräumen, Verarbeitungsbetrieben und im Handel. Diese Zustände, von den Medien als »Gammelfleischskandal« tituliert, erzeugten zwischen September 2005 und März 2006 ähnlich viel Aufmerksamkeit wie die BSE-Krise auf ihrem deutschen Höhepunkt um die Jahrtausendwende.

Im Jahr 2013 beschäftigte sodann der sogenannte Pferdefleischskandal die europäische Presse: Lebensmittelkontrolleure entdeckten Anfang des Jahres Pferdefleisch in Fertiggerichten aus britischen und irischen Supermärkten, ohne dass dies aus deren Etiketten hervorgegangen wäre. Bald darauf waren auch in Deutschland versteckte Anteile von Pferdefleisch in Produkten von Aldi, Lidl, Rewe oder Kaiser's Tengelmann medial omnipräsent. Das ›heimliche Pferd‹ fand sich in Fertiglasagne und Bolognese Pasta, aber auch in Gulasch und Dosenravioli der jeweiligen Supermarkt-Eigenmarken, außerdem in den »Köttbullar« von IKEA. Auch nicht deklariertes Schweinefleisch oder enthaltene Medikamentenrückstände, die in den Medien jedoch eine kleinere Bühne erhielten, führten die Untersuchungen zutage. Schwindel findet sich längst nicht nur in der Preisklasse der Fertiglasagne: So machten vor kurzem Nachrichten die globale Runde, dass Fälscher die Nachahmung des marmorierten Kobebeefs der teuren und raren Wagyurinder perfektioniert hätten, indem sie das Fleisch alter Milchkühe mit einer Fettemulsion aufpeppten.

Vor diesem Hintergrund wirken die offensichtlich unzureichenden Qualitätskontrollen der Fleischindustrie wie eine Entwicklung der letzten Jahrzehnte, in denen weiterhin sinkende Transportkosten und die offenen Grenzen des Freihandels unlautere Geschäftspraktiken niedrigschwelliger machten. Doch bereits seit dem ausgehenden 19. Jahrhundert erschütterten Lebensmittelskandale regelmäßig die massenmediale Öffentlichkeit: So schloss sich 1883 erstmals eine Gruppe Nahrungsmittelchemiker in Deutschland zusammen, um die wirtschaftlichen und gesundheitlichen Interessen der Konsument:innen zu stärken. Denn diese, so die Motivation der Chemiker, waren nicht länger in der Lage, die Nahrungsmittelproduktion zu überschauen – genau das aber war notwendiger geworden, weil das Konsumzeitalter die Selbstversorgung ablöste und sich vorverarbeitete Lebensmittel in den Grundstock der Ernährung eingliederten. In erster Linie brachten die Industrialisierung und Technisierung der Nahrungsmittelproduktion eine Vielfalt und Verbilligung des Konsums für einen Großteil der Bevölkerung mit sich. Der Lebensmittelskandal um einzelne verfälschte oder verunreinigte Lebensmittel trat im öffentlichen Bewusstsein an die Stelle tatsächlicher Ernährungskrisen. Er eröffnete ein neues Feld der Auseinandersetzung zwischen Produzierenden und Konsumierenden, wobei staatliche Regulierungsversuche mal zugunsten der einen, mal zugunsten der anderen Seite ausschlugen, wie das folgende Beispiel aus der Entstehungszeit des modernen Nahrungsmittelskandals zeigt.

1898 brachte das »Medizinisch-chemische Institut Dr. Scholl« den Fleischsaft »Puro« auf den Markt. Der höherpreisige Fleischsaft – oder besser: das, was dafür gehalten wurde – fand ordentlichen Absatz als kräftigendes Nahrungsergänzungsmittel. Acht Jahre später förderte ein Göttinger Eiweißforscher zufällig zutage, dass der laut Herstellerangaben aus hochkonzentriertem, reinem und natürlichem Ochsenfleisch bestehende Saft keine Rindereiweißstoffe enthielt, sondern industriell hergestellte Zwischenprodukte und Hühnereiweiß – »Puro« wurde als Etikettenschwindel und Wucher enttarnt. Der Direktor des Münchener Hygiene-Instituts Max von Gruber, zudem Endkontrolleur der Herstellung des Liebig'schen Fleischextrakts und deshalb besonders daran interessiert, unlauteren Konkurrenzprodukten den Garaus zu machen, sorgte dafür, dass die Öffentlichkeit davon erfuhr. Jedoch schlug sich der beträchtliche Widerhall in allgemeiner und fachwissenschaftlicher Presse rechtlich nicht in vollem Maße nieder: Das Landgericht München reduzierte die in erster Instanz wegen Betrugs festgesetzten 3000 Mark Strafe und einen Monat Gefängnis auf eine kleine Geldstrafe. »Puro« sei ungeachtet des Schwindels eine positive gesundheitliche Wirkung zuzuschreiben und die Bezeichnung »Fleischsaft« brächte einen gewissen Ermessensspielraum mit sich (Spiekermann 2018). Das Produkt blieb mit angepassten Werbeaussagen auf dem Markt und die Befürchtungen vieler Ärzte und weiter Teile der Öffentlichkeit, dass man »künstlicher Kost« nicht trauen könne, festigten sich.

Skandale über vorverarbeitete Lebensmittel, die nicht das enthielten, was Konsument:innen erwarteten, sind ein Kontinuum der Moderne. Fälschungen oder Verunreinigungen tierischer Produkte lösten besondere Empörung aus: Eier, Butter und Fleisch waren die Insignien des Wohlstands, galten im Speziellen als Spender von Lebenskraft und waren im Verhältnis zu anderen Nahrungsmitteln teuer. Um diesen Bereich übervorteilt zu werden, nährte Ohnmachts- und Entfremdungsgefühle.

Dem modernen Menschen wurde einschneidend vor Augen geführt, dass er die Souveränität über das verlor, was er sich einverleibte; doch im Vergleich mit der Zeit um 1900 ist erklärungsbedürftig, warum Lebensmittelskandale auch heute noch große gesellschaftliche Aufmerksamkeit erregen. Die Auswahl an Nahrungsmitteln ist ungleich vielfältiger, Wissen über einzelne Lebensmittel und deren Alternativen omnipräsent und die tatsächliche Gesundheitsgefahr geringer als zur Experimentierzeit der Industriemoderne. Neben den Risiken für gesundheitliche Schäden sank auch der Anteil des Einkommens, der für Lebensmittel ausgegeben wurde, von gemittelten 57 Prozent im Jahr 1900, was für Arbeiter- und Armenhaushalte deutlich zu niedrig ist, auf gut zehn Prozent im Jahr 2019, was auch unteren Einkommensschichten inzwischen eine gewisse Flexibilität bei ihren Konsumausgaben beschert. Im individuellen Fall gilt, was auch kollektiv gilt: Je wohlhabender eine Gesellschaft ist, desto weniger Investitionen und öffentliche Mittel fließen relativ betrachtet in den Nahrungsmittelsektor.

Dennoch werden Nahrungsmittel, die anderes enthalten, als sie vorgeben, unabhängig von den tatsächlichen Folgen jenseits der

Täuschung weiterhin zum Skandal. Woher rührt die alle politischen Lager einende Empörungsbereitschaft und warum verlor sich diese Empörung im Verlauf der stetig besser werdenden Versorgungslage im globalen Norden nicht in der postmodernen Gleichgültigkeit des späten 20. Jahrhunderts?

Ein historisierender Blick, der Entwicklungen im Zeitverlauf verortet, beantwortet diese Fragen und bringt gedankliche Ordnung in die mediale Dauerpräsenz der Ernährungsskandale. Er entlarvt drei Dimensionen, die für deren ungebrochene Bedeutung verantwortlich sind: erstens der Wertewandel der Ernährung in Wohlstandsgesellschaften, zweitens die gewinnorientierten Produktionsmethoden der Ernährungsindustrie und drittens mediale Skandalisierungsdynamiken. Dieser Dreigliederung folgend geht dieser Beitrag zunächst der Frage nach, wie sich die Beweggründe hinter der Empörung vom Ende des 19. Jahrhunderts bis heute verschoben. Anschließend fokussiert er auf den beschleunigten Wandel der Produktionsmethoden der Tierhaltung, der sich anhand der Genese und des Verlaufs der BSE-Krise der 1990er- und 2000er-Jahre aufzeigen lässt. Der dritte Teil schließlich nimmt die mediengeschichtlichen Bedingungen, die Skandale erst zu solchen machen, in den Blick.

Der Wertewandel der Ernährung

Die vorhergehende Beleuchtung der Nahrungsmittelskandale seit dem Ende des 19. Jahrhunderts zeigt: In Gesellschaften mit Massenkonsum und Massenmedien kehren skandalfokussierte Berichterstattungen zu Betrug oder Hygienemängeln in der Lebensmittelbranche regelmäßig wieder. Die hinter der Empörung stehenden Motive unterlagen jedoch einem signifikanten Wandel.

Was der 2021 verstorbene US-amerikanische Politikwissenschaftler Ronald Inglehart bereits in den 1970er-Jahren diagnostiziert hatte, brach sich für den Bereich der Ernährung erst in den letzten 30 Jahren mit voller Wucht Bahn. Inglehart beobachtete für die Gesellschaften des globalen Nordens, dass die seit den Jahrzehnten nach dem Zweiten Weltkrieg dominierende materialistische Werthaltung ab den 1970er-Jahren beständig Terrain an einen emanzipativen Postmaterialismus verlor (Inglehart 1977). Die Wahl des eigenen Lebensstils wurde zur persönlichen Entscheidung und war nicht länger an den Lebensweisen der vorangegangenen Generation ausgerichtet; dabei spielten immaterielle Werte der Selbstverwirklichung eine zunehmend größere Rolle. Um es sogleich plastisch zu machen: Sehr günstige Fleischangebote begannen in der jüngsten Vergangenheit, Empörung auszulösen. Eine Spitze dieser Entwicklung war der veritable Shitstorm, den der Discounter Aldi Süd 2017 auf Facebook erntete, nachdem er 600 Gramm Nackensteak für 1,99 Euro angeboten hatte. »Verantwortungslos« oder gar »zum Kotzen« sei dieses Verkaufsangebot, so erzürnte Konsument:innen. Ein grobschlächtiger diachroner Vergleich offenbart sogleich, dass ein derartiges Angebot etwa 100 Jahre zuvor im Hungerwinter 1917 selbstredend, aber auch während der stabilen Ernährungssituation vor Ausbruch des Ersten Weltkrieges in keinen derartigen Gegenwind geraten wäre – ganz im Gegenteil. Bundesdeutsche Verbraucher:innen freuten sich auch noch 50 Jahre später, dass das neue Trendgericht »Steak« dank speziell gezüchteter Fleischrinder günstiger wurde und somit in immer mehr Haushalten regelmäßig auf den Tisch kommen konnte. Erst seit den 1990er-Jahren rührte sich Kritik an als zu günstig wahrgenommenen Fleischangeboten, die im Zusammenhang mit der zunehmenden Marktmacht von Lebensmitteldiscountern einerseits und den Produktionsbedingungen des Billigfleisches andererseits standen.

Hinsichtlich des generellen Niedergangs materieller Werte täuschte sich Inglehart etwas, denn Selbstverwirklichung, das lehrt uns die Soziologie seit den 1990er-Jahren, existiert sowohl in einer hedonistisch-materialistischen als auch einer idealistisch-postmaterialistischen Version. Dass die persönliche Ernährung in hohem

Maße an beide Richtungen anschlussfähig ist, stellt den Grund für den Bedeutungsgewinn der Ernährung in einer Gesellschaft dar, in der sich längst alle satt essen können. Was als gesellschaftliche Reformbewegung Einzelner um die Jahrhundertwende zum 20. Jahrhundert begann, wurde in den letzten 30 Jahren zum Mehrheitsphänomen. Der Publizist und Naturheilkundler Richard Ungewitter war in der Minderheit, als er 1902 den Übergang von »Gemischtesser« zum »Vegetarier« und zwei Jahre später zur Rohkost vollzog. Die Ernährung war ein Baustein seines körperlichen Erneuerungsprogramms, das seinem Körper ein »strafferes Gefüge« verleihen und ihn der Natur näherbringen sollte. Ungewitter gehörte zu jenen bürgerlichen Kreisen, die sich um die Jahrhundertwende von den gängigen Ernährungsgewohnheiten abgrenzten und das Zepter ihres Konsums selbst übernahmen. Akribisch führte er Buch über alles, was er zu sich nahm; eine Praxis, die als Ausdruck eines Misstrauens gegen die zugeführten Substanzen, die nicht nur nähren, sondern auch schaden können, gedeutet werden kann (Möhring 2018). Auch heute ist uns diese Sorge allzu vertraut.

Ungewitter war ein Vorreiter dessen, was der Münchner Soziologe Ulrich Beck 1986 als gesamtgesellschaftliche Individualisierungsthese formulierte, wonach sich das moderne Individuum aus traditionellen Versorgungszusammenhängen herauslöse und in neue Sozialstrukturen einfüge. Dieser Prozess eröffnete neue Chancen zur Gestaltung des eigenen Lebens und der Gesellschaft, verlieh den eigenen Handlungen jedoch zugleich eine neue Bedeutungskraft. Erst konkrete Handlungen füllten das nun aus traditionellen Zusammenhängen herausgelöste, nackte Individuum wieder mit Identität. Der entstandene schöpferische Individualismus umfasste jede Dimension der Existenz, so auch die Ernährung: Sie entwickelte sich von der täglichen Selbstverständlichkeit, eingebettet in tradierte, kollektive Gebräuche und diktiert vom momentan Verfügbaren, zu einer rationalen, individuellen Entscheidung. Mit jeder weiteren Verbesserung der Ernährungssituation entschieden weniger Angebot und Tradition über die Ernährungsweise, sondern vielmehr Statusinteresse, Zeitgeist oder Lebensstil; die individuelle Su-

Abb. 1: Der Publizist und Naturheilkundler Richard Ungewitter führte akribisch Tagebuch über seine Ernährung. Als Pionier der Freikörperkultur zeigte er sich gerne nackt (Quelle: NISH).

che nach dem »richtigen Essen« entwickelte sich in der Überflussgesellschaft zu einem neuen Leitnarrativ.

Zurück zu den Lebensmittelskandalen: Parallel zur Individualisierung der Ernährung vollzog sich ein Wertewandel, der bestimmte, was als skandalös wahrgenommen werden konnte und was nicht. Kontrastiert man gegenwärtige Beobachtungen der Verbrauchermeinung zu Tierhaltung und Nahrungsmittelproduktion mit dem Common Sense der 1970er- und 1980er-Jahre, finden sich eindeutige Hinweise auf eine Verschiebung der Werte in diesem gesellschaftlichen Teilbereich.

2008 forderten 57 Prozent der Frauen und 32 Prozent der Männer in Deutschland, die Massentierhaltung abzuschaffen, um Umwelt- und Klimaschutz voranzubringen; 2011 stimmten 88,4 Prozent der Befragten einer von der Universität Göttingen durchgeführten Stichprobe der Aussage zu, dass Tiere in der Massentierhaltung zu wenig Platz hätten, und 87,7 Prozent sagten in der gleichen Studie, es könne niemals tiergerecht sein, wenn 40 000 Hähnchen in einem Stall gehalten werden. Die übergroße Mehrheit der Befragten, 81,9 Prozent, war darüber hinaus dafür, die Politik stärker in die Pflicht zu nehmen, um die Massentierhaltung einzugrenzen. Brächte dieser Prozess eine Verteuerung des Fleisches mit sich, so stellte das für 70,4 Prozent der Befragten kein Problem dar. Auch aus Befragungen der letzten Jahre geht die immer dringender werdende Forderung nach Fleisch von Tieren aus artgerechter Haltung hervor. Obgleich Wertehaltungen und tatsächliche Konsumentscheidungen divergieren können, stellte das »Kompetenznetzwerk Nutztierhaltung« des Bundeslandwirtschaftsministeriums im Hinblick auf Ersteres 2020 treffend fest: Die gegenwärtige Haltung von Rindern, Schweinen und Hühnern hat ein »grundsätzliches Akzeptanzproblem« und wird »aus der Mitte der Gesellschaft heraus kritisiert«.

Das war Ende der 1960er-Jahre, als jene Produktionsbedingungen entwickelt wurden, die heute so vielen Konsument:innen sauer aufstoßen, noch nicht so. Obwohl die »Fresswelle« der 1950er-Jahre, in der das Verzehren von möglichst reichhaltiger Nahrung die schmerzliche Erinnerung an die Not des Krieges lindern sollte, bereits überwunden war, spielte der Preis von Fleisch und Milch, vor allem aber auch von Butter für die Zufriedenheit der Verbraucher:innen eine entscheidende Rolle: Über ein Drittel der Westdeutschen hätte 1964 noch mehr Butter gegessen, »wenn die Preise nicht so hoch wären«, und über 40 Prozent mehr Fleisch. Die Zahl der aus finanziellen Gründen Verzichtenden sank jedoch durch die weiterhin steigenden Einkommen. Aber auch acht Jahre später, 1972, hätten noch 17 Prozent gerne mehr Butter und ein gutes Drittel mehr Fleisch verspeist, wenngleich sich parallel bereits eine neue Sorge vor zu fettem Essen anbahnte.

Die konzentrierte, spezialisierte und technisierte Ganzjahresstallhaltung von vormals unmöglichen Herdengrößen, primär von Hühnern und Schweinen, wurde in den 1970er-Jahren auch innerhalb der Branche »Massentierhaltung« genannt, bevor die Verwendung des Begriffs durch Gegner:innen der Tierhaltungsform ihn in den Augen der Branche desavouierte. In aus heutiger Sicht bemerkenswerter Offenheit thematisierten Tierärzt:innen, Agrarpolitiker:innen und Tierhalter:innen die Vor- und Nachteile der neuen Intensivhaltung zum Zeitpunkt ihrer Entstehung. Fachzeitschriften publizierten Dossiers, Desinfektionsmittelhersteller bewarben ihre Produkte mit dem Hinweis, dass Massentierhaltung zugleich wirtschaftlicher und gefährlicher sei als die konventionelle Haltung weniger Tiere mit mehr Handarbeit. Die Tiere würden empfindlicher, weil ihren Organismen Höchstleistungen abgefordert werden, während ihnen gleichzeitig ihre »natürlichen« Lebensbedingungen entzogen wurden. Nur die regelmäßige Desinfektion der Tiere und der Ställe könne das neue System stabilisieren, damit es nicht an der epidemischen Ausbreitung von Krankheiten zugrunde ging.

Doch parallel zu den innerhalb der landwirtschaftlichen Branche geführten Diskussionen darüber, wie die Massenhaltung stabilisiert werden könne, begannen sich die Anforderungen der Verbraucher:innen an tierische Lebensmittel zu ändern. Exemplarisch veranschaulicht dies der zivilgesellschaftliche Widerstand gegen die Massenhaltung von Hennen in Käfigen, der ebenfalls medial initiiert war: Im November 1973 schockte der populäre Direktor des Frankfurter Zoos, Bernhard Grzimek, das Fernsehpublikum der Primetime. Er zeigte in seiner einschaltstarken Hauptabendsendung »Ein Platz für Tiere« nicht wie gewöhnlich afrikanische Tiere in freier Natur, sondern deutsche Hühner in ihren Käfigen. Am Max-Planck-Institut für Verhaltensphysiologie, einer auf die Bedürfnisse von Geflügel spezialisierten Forschungseinrichtung, klingelte daraufhin tagelang das Telefon, weil aufgebrachten Verbraucher:innen erst durch diese Sendung klar geworden war, auf welche Weise ihr Frühstücksei inzwischen erzeugt wurde.

Abb. 2: Eine dreistöckige Käfigbatterie als »Schlaraffenland der Tiere« in der zeitgenössischen DDR-Publizistik (Quelle: Eckard Mothes, *Tiere am Fließband*, Leipzig 1976, S. 91).

In den folgenden beiden Jahrzehnten wurden Hühner im Käfig zu den Hauptprotagonisten tierethischer Bedenken gegenüber der deutschen Nutztierhaltung. Der zivilgesellschaftliche Widerstand gegen Käfigbatterien, in denen Käfige – und in ihnen die Hühner – neben- und übereinander gestapelt waren wie die Stromzellen einer Batterie, gewann kontinuierlich an Präsenz. Tierschutzvereine veranstalteten Filmvorführungen und Abendvorträge; irreführende Werbung, die die Hühner auf Stroh statt im Käfig zeigte, wurde als solche enttarnt; Geflügelhalter wurden als »KZ-Betreiber« diffamiert, verloren die anschließenden Prozesse wegen Verleumdung aber, da diese Art der Tierhaltung etwa laut der 1976 verkündeten Auffassung des Landgerichts Düsseldorf »tatsächlich tierunwürdig« sei. Unter enormer Gegenwehr der Branche und einer ihr zugeneigten Agrarpolitik der Unionsparteien, die das Heil für betriebswirtschaftlich angeschlagene Betriebe gerade in einem Ausbau der Massenhaltung von Hühnern suchte, beendeten Gerichte die umstrittene Haltungsform. Trotz des anhaltenden Widerstands existierte die Käfighaltung aufgrund der sogenannten Hennenhaltungsverordnung seit 1987 mit 450 cm^2 pro Tier fort. Damit stand sie weiterhin, so die einhellige Meinung aller Expert:innen, in Widerspruch mit dem deutschen Tierschutzgesetz, das in Paragraf zwei etwa regelt, dass niemand, der ein Tier hält oder betreut, dessen Bewegungsbedürfnis so einschränken darf, dass ihm hierdurch vermeidbare Schmerzen, Leiden oder Schäden zugefügt werden. Schließlich landete die Frage um die Rechtmäßigkeit der Hühner im Käfig nach einer Klage des Bundeslandes Nordrhein-Westfalen 1999 beim Bundesverfassungsgericht. Wie stark die Beharrungskräfte der Branche sind, zeigte die wiederholte Verschiebung des Ausstiegs. Ursprünglich für 2007 festgelegt, schwächte ihn der Bundesrat durch die Einführung neuer »Kleingruppenkäfige« ab. Seit dem Verbot dieser Käfige durch das Bundesverfassungsgericht im Jahr 2012 gilt 2025 als Ausstiegsdatum.

Die zunehmend abgeschaffte Käfighaltung von Hühnern schwächte die Sorge der Verbraucher:innen um die Lebensbedingungen der Tiere derweil nicht – im Gegenteil. Durch die breiter werdende gesellschaftliche Debatte standen seit den 1970er-Jahren nicht länger allein Frische, gesundheitliche Unbedenklichkeit sowie Preis und Verfügbarkeit der Lebensmittel im Zentrum des Verbraucherinteresses, sondern zusätzlich tierethische Aspekte. Diese Verschiebung mutierte in der Medienöffentlichkeit der Überflussgesellschaft zum Paradigmenwechsel. Nun legt die gegenwärtige

Debatte die neue Gretchenfrage offen: Wie legitim ist die gewaltvolle Nutzung von Tieren zur Lebensmittelgewinnung, wenn man sich auch anders ernähren kann? Ein größer werdender – wiewohl weiterhin in der Minderheit zwischen zwei und drei Prozent liegender – Teil der Gesellschaft lehnt inzwischen jedwede Nutzung von Tieren ab: Die Zahl der Veganer:innen in Deutschland verzehnfachte sich zwischen 2008 und 2017 und beträgt heute rund 1,4 Millionen. Heute scheint keine glaubhafte Rede vom »Selbsterhaltungsinteresse des Menschen«, dem Argument hinter dem Aufbau der Massentierhaltung zur Bereitstellung kostengünstiger tierischer Lebensmittel, mehr möglich.

Das zeigt die Debatte um die Tötung männlicher Eintagsküken, die mit einem gesetzlichen Verbot dieser Praxis im Mai 2021 zu ihrem vorläufigen Ende kam: Da die Tiere aus Zuchtlinien stammten, die auf eine möglichst hohe Legeleistung der weiblichen Tiere getrimmt worden waren, reichte ihr Muskelwachstum nicht aus, um wettbewerbsfähige Masthähnchen werden zu können. Folglich wurden die Küken an ihrem ersten Lebenstag außerhalb des Eis zerhäckselt oder vergast. In den vergangenen Jahren erregte die Tötung der Tiere unmittelbar nach ihrem Schlupf zunehmend Anstoß – die schiere Zahl der vernichteten Tiere, etwa 45 Millionen jährlich in Deutschland, 500 Millionen in der Europäischen Union und knapp 2,5 Milliarden weltweit, mag dazu beigetragen haben. Ebenso wichtig jedoch war, dass der Tötung der Küken kein Nutzwert gegenübergestellt werden konnte; allein die Notwendigkeit rentablen Wirtschaftens im Kapitalismus sprach den Küken ihr Lebensrecht ab. Dabei handelt es sich um ein wiederkehrendes Prinzip der betriebswirtschaftlich organisierten Haltung sämtlicher Rinder, Schweine und Hühner, deren Lebensrecht ebenso erlischt, wenn Tierarztkosten höher als der noch zu erwartende Gewinn eingeschätzt werden. Doch die Systemhaftigkeit, mit der alle männlichen Nachkommen aus der Legehennenproduktion getötet wurden, überstieg die tierethische Toleranzschwelle der Wohlstandsgesellschaft. In den bewährten agrarpolitischen Bahnen der Bundesrepublik setzte CDU-Landwirtschaftsministerin Julia Klöckner zunächst auf eine Freiwilligkeit der Branche, bis ein Gericht ihr juristisch Beine machte. 2019, als das Kükenschreddern laut Koalitionsvertrag der Regierung von CDU, CSU und SPD eigentlich schon beendet sein sollte, geriet die Praxis in juristischen Konflikt mit dem Tierschutzgesetz, nach dessen ersten Paragrafen niemand »einem Tier ohne vernünftigen Grund Schmerzen, Leiden oder Schäden zufügen« darf. Der Konflikt bringt den Wertewandel der Ernährung auf den Punkt: Die maximal günstige Produktion von Nahrungsmitteln ist nun nicht länger ein »vernünftiger Grund«, Tieren Schmerzen zuzusetzen, so das Bundesverwaltungsgericht in Leipzig am 13. Juni 2019.

Das bahnbrechende Urteil zugunsten des Tierschutzes lässt in den kommenden Jahrzehnten weitere Veränderungen erwarten, denn das Potenzial zum Skandal haben mehrere gegenwärtige Praktiken der Haltung von Tieren zur Nahrungsmittelproduktion. So hält etwa das vom Bundeslandwirtschaftsministerium eingesetzte »Kompetenznetzwerk Nutztierhaltung« im Speziellen die intensive Rindermast für eine tickende Zeitbombe, da die Haltungsumgebungen der Tiere dort ähnlich problematisch seien wie in der bereits am medialen Pranger stehenden Schweine- und Geflügelhaltung.

Tierhaltung zwischen Agrarlobby, Fleischindustrie und Handelskonzernen

In Kinderbüchern und ebenso auf Milch- und Fleischverpackungen stehen Rinder auf grünen Wiesen und fressen Gras. Wäre dieses idyllische Szenario in der zweiten Hälfte des 20. Jahrhunderts Realität gewesen, wäre die »Kuh 133« in der südenglischen Grafschaft Sussex im Februar 1985 nicht gestorben. Sie war das erste offizielle Opfer der Infektionskrankheit BSE, besser bekannt als »Rinderwahn«. Bereits ein paar Tage zuvor war sie durch merkwürdige torkelnde Bewegungen aufgefallen. Die Kuh randalierte im Stall und demolierte die Milchanlagen, bis sie einige Tage darauf starb. Wie kein anderer Lebensmittelskandal in der jüngeren Vergangenheit zeigte die europaweite BSE-Krise, dass eine auf Wachstum und Produktivitätssteigerung setzende Agrarpolitik das Vertrauen der Verbraucher:innen in die staatliche Fürsorge erschütterte. Überdies machte sie deutlich, dass auch eine massenmediale Skandalproduktion die verantwortlichen Strukturen nicht zu dechiffrieren vermochte. Aufgrund der existenziellen Verunsicherung, die durch plakative Überschriften in auflagenstarken Printmedien nur weiter geschürt wurde, hatten es differenzierte, tiefergehende Erklärungsmuster schwer.

Bis Mitte der 1990er-Jahre blieb der britischen Bevölkerung lange Zeit verborgen, welche Bedrohung vom Fleisch unentdeckt infizierter Tiere ausgehen konnte. Im März 1996 platzte die Bombe: Jahrelang hatte die britische Regierung die Gefahr für Menschen heruntergespielt und so ermöglicht, dass ungetestetes Rindfleisch weiterhin verkauft werden konnte. Die Politiker:innen strebten damit an, zumindest die heimischen Marktanteile britischer Rinderhalter zu retten, nachdem deren ausländischer Absatz durch Importbeschränkungen massiv eingebrochen war. Doch 1996 informierte der britische Gesundheitsminister Steven Dorrel das Londoner Unterhaus, dass BSE die Speziesbarriere überspringen konnte: »We've already eaten 1,000,000 mad cows«, titelte der Londoner *Daily Mirror* panisch. Der Verzehr von BSE-Fleisch etliche Jahre zuvor war als Ursache einer merkwürdigen Erkrankung des Gehirns junger Patienten ausgemacht worden; wie die torkelnden Kühe verloren die mit der Creutzfeld-Jakob-Krankheit infizierten Menschen Seh- und Gleichgewichtssinn, entwickelten eine rapide Demenz und starben anschließend. Spätestens Mitte der 1990er-Jahre wurde deshalb aus dem veterinärmedizinischen Problem ein politischer Skandal und eine gesamtgesellschaftliche Bedrohung.

Am 24. November 2000, gut 15 Jahre nach dem ersten BSE-Fall in England, schlug der erste BSE-Test in Deutschland positiv an, nachdem sich die bundesdeutsche Agrarpolitik ein Jahrzehnt in trügerischer Sicherheit gewogen hatte. Unmittelbar davor rief SPD-Landwirtschaftsminister Karl-Heinz Funke noch im Chor der deutschen Agrarpolitiker, Landwirtschaft und Fleischindustrie: »Deutsches Rindfleisch ist sicher«. Der Glaube an nationale Unverwundbarkeit war nicht nur in Deutschland, sondern auch in Frankreich, Italien oder den Niederlanden stärker als die Anerkennung der transnationalen Realität moderner Fleischproduktion.

Der gängigen Theorie nach war das Mehl unzureichend erhitzter Tierkadaver, das die Rinder in ihrem Kraftfutter fraßen, verantwortlich für ihre BSE-Infektion. Schlachthausabfälle und verendete Tiere wurden gemahlen und per Druck-Sterilisation gekocht, getrocknet und zu Futterpellets gepresst. Obwohl bekannt war, dass der Verzehr von Artgenossen infektiologisch heikel ist, hatten britische Tiermehlfabriken 1972 die Sterilisationstemperatur von 130 auf 80 Grad Celsius reduziert, um Energie zu sparen. Diese Zusammenhänge waren bereits zum Zeitpunkt des Aufkommens von BSE Ende der 1980er-Jahre erkannt worden und hatten auch zu ersten politischen Maßnahmen geführt, wie dem Verbot von Tiermehl als Futter für Wiederkäuer in Großbritannien 1988. Das ließ sich jedoch erstens nicht kontrollieren und zweitens stieg der Export von britischem Tiermehl ins EU-Ausland durch das Verfütterungsverbot deutlich an, bis diese Länder wiederum mit einem Verbot der Einfuhr britischen Tiermehls reagierten. Drittens ließen sich die Mischmaschinen der Futtermittelfabrikanten nicht ausreichend reinigen, nachdem diese zermahlene Rinderkadaver für Schweine-, Hühner- oder Fischfutter verarbeitetet hatten. 1994 erfolgte ein Verbot der Verfütterung von Tiermehl an Wiederkäuer auf EU-Ebene. Allerdings zeigte eine Inspektion in Bayern noch sechs Jahre später, dass drei Viertel aller Zufallsproben von Rinderfutter weiterhin Tiermehl enthielten. Eine Veränderung der Schlachtpraktiken, damit die Bandsägen und Rückenmarkzertrümmerer das benachbarte Fleisch nicht länger mit dem potenziell infektiösen Nervengewebe verunreinigen konnten, wurde nicht in Angriff genommen; nach wie vor entsorgte man auch die gefährlicheren Teile nicht getrennt.

Die mangelhafte Umsetzung der verordneten Maßnahmen zeigt die Durchsetzungskraft ökonomischer Effizienz gegenüber juristischen Vorgaben. Auf biologisch-medizinischer Seite scheint der erzwungene Kannibalismus der vormals vorwiegend Gras fressenden Tiere verantwortlich für den Ausbruch von BSE gewesen zu sein. Bei der Verfütterung von Knochen, Blut und Innereien im Tiermehl handelte es sich um eine marktrationale Entwicklung, die den Kreislauf des Wachstums befeuerte: Für den menschlichen Konsum nicht verwertbare Teile toter Tiere wurden den lebenden ins Futter gemischt und ließen diese noch schneller und günstiger heranwachsen. Mindestens ebenso sehr konnte aber Verfütterung von Tiermehl an Wiederkäuer einer staatlichen Produktionspolitik zugeschrieben werden, die einseitig auf die Produktivitätssteigerung der Rinderhaltung setzte. Die Verbilligung der Produktion durch die ökonomische Optimierung sämtlicher Stellschrauben im Stall wurde politisch forciert und spitzte sich in den Jahrzehnten seit 1960 zu. Somit erlangten die Tiere bereits Warencharakter, bevor ihr Fleisch das Kühlregal erreichte. In dem Maße, in welchem das Wachstum der Zahlen im Stall zum neuen Dogma der Tierhaltung wurde, gerieten andere Interessen aus dem Blick der europäischen Agrarpolitik.

Bevor die ersten Fälle von in Deutschland geborenen infizierten BSE-Rindern auftauchten, lieferten sich Agrar- und Gesundheitspolitik in der zweiten Hälfte der 1990er-Jahre Auseinandersetzungen – deutliches Nachsehen hatte hierbei letztere. Stimmen aus Wissenschaft und Praxis, die für ein Verarbeitungsverbot sogenannter Risikoorgane wie Hirn oder Rückenmark eintraten, wurden als hysterisch und alarmistisch diffamiert. Die betreffenden Personen wurden entlassen, juristisch verfolgt, und – im Fall der Fleischhygieneärztin Margrit Herbst, die öffentlich über den nachlässigen Umgang mit BSE-Verdachtsfällen in der Industrie berichtete – bis heute nicht öffentlich rehabilitiert. Politische Macht stellte sich gegen wissenschaftliche Expertise; oberstes Ziel war es, den Rindfleischkonsum nicht zu gefährden.

Seit Ende des Jahres 2000 überschlugen sich die Ereignisse. Schleswig-Holstein, Niedersachsen, Bayern – in einem Bundesland nach dem anderen wurden BSE-Fälle entdeckt; zunächst bei der Untersuchung geschlachteter Tiere, bald auch bei lebenden. Der erste bayerische BSE-Fall fand sich bei einer Kuh aus einem Familienbetrieb im idyllischen Oberallgäu und damit an einem Ort, der die rhetorische Antipode zu industriellen Tierfabriken darstellte. Bereits hier wurde deutlich: Eine binäre Gegenüberstellung angeblicher Agrarfabriken und heiler Kleinbetriebe hilft analytisch nicht weiter. Die agrarpolitisch gesetzten strukturellen Bedingungen galten für alle Betriebe unabhängig von ihrer Größe oder Rechtsform. Wurde ein infiziertes Tier entdeckt, folgte die Anordnung, die gesamte Rinderherde, aus der es stammte, zu töten. Die Massentötung der Herden, aber auch die politisch forcierte Massenschlachtung führten paradoxerweise zu einer Rekordproduktion von Tiermehl. Politisch folgte zudem eine schärfere Etikettierungspflicht: An jeder Ladentheke musste sich fortan ablesen lassen, wo das Rind geschlachtet und wo es zerlegt worden ist; Geburts- und Aufzuchtsort waren zunächst jedoch nicht von Relevanz.

Was lehrt die BSE-Krise über das Funktionieren tierischer Lebensmittelproduktion und die Erzeugung ihrer Skandale? Die Genese von und der Umgang mit der Rinderkrankheit BSE illustrierte innerhalb der landwirtschaftlichen und fleischverarbeitenden Branche eine unbedingte Ausrichtung auf marktrationale Produktivitätssteigerung. Akteure, die sich diesem Bestreben widersetzten, wurden mundtot gemacht. Die mediale Debatte im Anschluss verdunkelte hingegen genau diese strukturellen Zusammenhänge: Angst und Verunsicherung der Verbraucher:innen ließen sich verkaufsfördernder in alarmistischen denn in analysierenden Beiträgen Überschriften instrumentalisieren.

Mediengeschichtliche Veränderungen: Digitalisierung und Campaigning

Laut einer nicht-repräsentativen Internetumfrage in Österreich stieg der Anteil der Vegetarier:innen allein zwischen 2017 und 2021 von knapp sechs auf elf Prozent. Repräsentative Umfragen in den Ländern des Globalen Nordens kommen auf zwischen fünf und zehn Prozent Vegetarier- und Veganer:innen, wobei deren Anteil an der Gesamtbevölkerung langsam, aber stetig wächst. Schneller noch wächst der Anteil sogenannter Flexitarier:innen, die sich überwiegend vegetarisch ernähren und nur mehr selten Fleisch essen. Ihnen ordnen sich 29 Prozent in Deutschland und 32 Prozent in Österreich zu. Entscheidend sind nun die Gründe hinter diesen individuellen Konsumentscheidungen. Auch hier ist die Datenlage recht dicht: In Österreich etwa gaben 36 Prozent der Bevölkerung 2021 an, weniger Fleisch als vor fünf Jahren zu essen, und zwar vordringlich wegen »Tierquälerei, Zustände bei Tierhaltung / Transport / Schlachtung«. Da die allerwenigsten diese Zustände selbst zu sehen bekommen, präzisierte eine andere Studie, die nach den Auslösern für eine vegetarische oder vegane Ernährung fragte, dass die »Berichterstattung über Massentierhaltung« ausschlaggebend sei. Die mediale Dynamik von Skandalen zeigt verdichtet, wie neue Deutungen über gesellschaftliche Verhaltensregeln entstanden. So stellt sich heraus, dass die öffentliche Auseinandersetzung im Kontext von Skandalen um Tierhaltung und Lebensmittelproduktion das veränderte Bewusstsein einer satten Gesellschaft verhandelt.

Indem Informationen über Tierhaltung und Nahrungsmittelproduktion medienvermittelt rezipiert werden, beeinflusst die Funktionsweise dieser Medien die Wahrnehmung der Sache als solcher. Userstarke soziale Medien sowie Kampagnen von Verbraucherorganisationen wie *foodwatch* förderten die Sichtbarkeit der Perspektive von Verbraucher:innen in der jüngeren Vergangenheit. Die Gründung von *foodwatch* war eine unmittelbare Folge der BSE-Krise im Herbst 2002; seither gilt die Organisation als Antreiber von Debatten und zwingt mit ihren direkten Angriffen auf einzelne Firmen die Industrie zu umgehenden Reaktionen. Ihre Recherchen brachten bspw. ans Licht, wie es die Fleischindustrie auch in der Stunde ihrer größten jüngeren Krise um die Jahrtausendwende vermochte, die entstandene gesetzgeberische Dynamik zu ihren Gunsten zu beeinflussen: Sie erreichte, dass Schlachtabfälle, die vor 2002 kostenpflichtig entsorgt werden mussten, nun frei gehandelt werden durften. Dadurch entstand ein neuer, schwer kontrollierbarer Markt, der das Einschleusen von Schlachtabfällen in die Lebensmittelkette begünstigte, was das entdeckte »Gammelfleisch« 2005 und 2006 sodann direkt unter Beweis stellte. Die Kampagnen hoben das Informationsniveau einzelner Verbraucher:innen, wodurch sich deren Empörungsbereitschaft verstärkte.

Diese Empörungsbereitschaft traf in den sozialen Medien auf neue Skandalisierungsdynamiken. Skandale – das gilt auch für das Zeitalter herkömmlicher Massenmedien – waren zu keinem Zeitpunkt feststehende Missstände, die darauf warten, aufgedeckt zu werden, sondern stets die Folge einer öffentlichen Kommunikation über Missstände. Inzwischen gilt: »Konsumierende haben nun die Möglichkeit, sich hunderten oder tausenden Menschen mit wenigen Tastenanschlägen mitzuteilen«, während die einzelne Verbraucherin sich früher höchstens mit ihren Nachbarinnen etwa über mangelnde Fleischqualität austauschen konnte (Rutsaert 2013). Posts beeinflussen die öffentliche Meinung, da nahbaren Mitmenschen, die Identifikationspotenzial bieten, mehr Vertrauen entgegengebracht wird als offiziellen Verlautbarungen. Zusätzlich befeuert werden die Diskussionen »von unten« durch den unbegrenzten informationellen Stauraum der digitalen Welt und die prominente Funktion von Bildern in sozialen Medien – ekelerregende Fotografien von verendeten oder getöteten Tieren illustrieren dies besonders plastisch. Für herkömmliche Massenmedien wie für soziale Medien gilt, dass sie die skandalentfesselnde Darstellung dramatischer Missstände nicht zurücknehmen, wenn sie sich als überzogen herausgestellt hat, weshalb jeder Skandal Unsicherheit,

Misstrauen und das Gefühl der persönlichen Bedrohung nährt. Das wiederum bereitet zukünftigen Missständen einen fruchtbaren Boden, sich zum Skandal auszuwachsen. Jedoch schränken die Filterblasen der digitalen sozialen Welt die Wirkmächtigkeit des größeren Reservoirs an zugänglicher Information ein: Algorithmen, die die sozialen Medien organisieren, spielen Usern jene Inhalte zu, die am besten zu deren bisherigen Ansichten und Interessen passen; hierdurch entstehen sich verstärkende Meinungskorridore, die isoliert neben gegenläufigen Standpunkten existieren.

Fazit

Ein Fazit zur Bedeutung von Lebensmittelskandalen in den Wohlstandsgesellschaften des globalen Nordens fällt ambivalent aus: Es klafft eine Lücke zwischen rhetorischen Unbedenklichkeitsbeteuerungen aufseiten der Produzent:innen, die ihre Produkte durchweg als ökologisch, tierethisch und gesundheitlich wertvoll darzustellen versuchen, und den tatsächlichen Praktiken. Letzteres gilt sowohl für die Praktiken der Produzenten:innen wie auch für jene der Konsumierendenseite. Eine bewusste, fleischreduzierte und am Wohl der Tiere orientierte Ernährung ist in Kreisen der Bevölkerung Common Sense – jedoch konterkariert das tatsächliche Konsumverhalten diese Einstellung. Bio-Schweinefleisch etwa kommt trotz der gesellschaftlichen Empörung über die betäubungslose Kastration männlicher Ferkel oder die maximal einengende Kastenstandhaltung von Muttersauen auf einen Marktanteil von mageren 0,6 Prozent. Ernährung in der Überflussgesellschaft ist beides zugleich: unbeschränkt verfügbar und unverfügbar. Unbeschränkt verfügbar ist sie in ihrer materiellen Dimension; die Regale sind voll und bleiben es bis in die späten Abendstunden. Neuerdings brauchen Verbraucher:innen in Großstädten nicht einmal mehr aus dem Haus zu gehen. Neue Formen des Online-Handels präsentieren sämtliche Waren appetitlich in ihren Apps und bieten an, diese zeitnah nach dem Kaufklick zuzustellen. Doch ungeachtet der Präsenz und leichten Zugänglichkeit bleibt in der satten Ernährungssituation moderner Individuen unverfügbar, wonach sie sich sehnen: ein souveräner, echter Kontakt mit der Natur, eine »Resonanzbeziehung« (Rosa 2013) mit dem, was sie am Leben hält. Lebensmittelskandale sind die Momente, in denen die Unverfügbarkeit dieser Art der Ernährung offenbar wird; deshalb erschüttern sie und stoßen auf unbegrenzte Aufmerksamkeit. Bisher unentdeckte Verfälschungen und Verunreinigungen rufen ins Bewusstsein, wie notgedrungen oberflächlich die Beziehung mit den Produkten, die wir uns einverleiben, geworden ist.

Literatur

Beck, Ulrich (1986): Risikogesellschaft. Auf dem Weg in eine andere Moderne. Frankfurt a. M.: Suhrkamp

Inglehart, Ronald (1977): The Silent Revolution. Changing Values and Political Styles among Western Publics. Princeton: Princeton University Press

Möhring, Maren (2018): Essen als Selbsttechnik. Gesundheitsorientierte Ernährung um 1900. In: Aselmeyer, Norman; Settele, Veronika (Hrsg.): Geschichte des Nicht-Essens. Verzicht, Vermeidung und Verweigerung in der Moderne. Berlin; Boston: De Gruyter, S. 39–60

Rutsaert, Pieter et al. (2013): The Use of Social Media in Food Risk and Benefit Communication. In: Trends in Food Science & Technology, 30, S. 84–91

Rosa, Hartmut (2013): Beschleunigung und Entfremdung. Entwurf einer Kritischen Theorie spätmoderner Zeitlichkeit. Berlin: Suhrkamp

Settele, Veronika (2020): Revolution im Stall. Landwirtschaftliche Tierhaltung in Deutschland, 1945–1990 (Kritische Studien zur Geschichtswissenschaft). Göttingen: Vandenhoeck & Ruprecht

Spiekermann, Uwe (2018): Künstliche Kost. Ernährung in Deutschland, 1840 bis heute. Göttingen: Vandenhoeck & Ruprecht

Da geht mehr: Plädoyer für eine ambitionierte Ernährungspolitik

Achim Spiller und Anke Zühlsdorf

Die politische Dimension der Ernährung wird immer sichtbarer. Es geht um mehr als die individuelle Gesundheit. Food Politics beeinflussen auch den Zustand von Umwelt und Klima sowie die soziale Situation der Menschen. In der (staatlichen) Ernährungspolitik standen bis zu den 2000er-Jahren hauptsächlich ausreichend (Ernährungssicherung), sichere (Ernährungssicherheit) und preiswerte Lebensmittel im Vordergrund. Mit der skandalösen Zahl von über 800 Millionen Hungernden weltweit haben diese traditionellen Ziele der Ernährungspolitik zwar keinesfalls an Bedeutung verloren – auch in Deutschland gibt es Ernährungsarmut und Mangelernährung. Dennoch – so das Plädoyer dieses Beitrags – sollte Ernährungspolitik in einer grundsätzlich wohlhabenden Gesellschaft umfassender ausgerichtet sein.

Nachhaltigkeit stellt seit dem Brundtland-Bericht, der 1987 von der Weltkommission für Umwelt und Entwicklung der Vereinten Nationen veröffentlicht wurde, ein übergeordnetes Politikziel dar. Vor dem Hintergrund globaler Herausforderungen (z. B. Klimaschutz) und eines Wertewandels in der Bevölkerung (z. B. Tierschutz) ist das Zielspektrum der Ernährungspolitik breiter geworden. Heute werden in der ernährungsbezogenen Forschung vor allem vier zentrale Problem- und Handlungsfelder einer nachhaltigen Ernährung diskutiert, die der folgenden Abbildung zu entnehmen sind.

Abb. 1: Die vier großen Ziele (»Big Four«) einer nachhaltigen Ernährung (Quelle: Eigene Darstellung nach WBAE 2020).

Ernährungspolitik ist damit ein komplexes Politikfeld, das in den letzten Jahren um einen umfassenderen Verbraucherschutz und Nachhaltigkeitsziele erweitert worden ist. Mit dem Bedeutungsgewinn gehen jedoch auch Zielkonflikte einher: So ist etwa Seefisch gesund und wird eher zu wenig verzehrt, doch die Kapazitätsgrenzen der Weltmeere sind erreicht; der Zuckerrübenanbau ist hingegen relativ klimafreundlich, doch zu viel Zucker wirkt sich schädlich auf die Gesundheit aus. Die Herausforderung der Ernährungspolitik besteht insofern darin, zahlreiche Akteur:innen mit kontroversen Interessenlagen zum Ausgleich zu bringen.

Im internationalen Vergleich ist Deutschland ein ernährungspolitischer Nachzügler: Während in vielen anderen Ländern inzwischen neue Instrumente erprobt werden, etwa verpflichtende Qualitätsstandards für die Gemeinschaftsverpflegung, Steuern auf ungesunde Produkte oder Warnlabel, liegt die Betonung beim Thema Essen hierzulande noch immer auf der Eigenverantwortung der Bürger:innen.

Darf der Staat Ernährungsverhalten beeinflussen?

Staatliche Eingriffe in das Konsumhandeln sind in einer Marktwirtschaft begründungsbedürftig: Ob Interventionen des Staates zugunsten einer nachhaltigeren Gestaltung der Ernährung gerechtfertigt sind, wird besonders in Deutschland kontrovers diskutiert: Ist Essen nicht eine Privatangelegenheit, aus der sich der Staat heraushalten sollte? Die Veggie-Day-Debatte lässt grüßen. Sollte nicht jeder selbst darüber entscheiden, was auf dem Teller landet – auch wenn dies langfristig zu Lasten der Gesundheit geht? Gibt es nicht ein Recht auf heutigen Genuss, auch wenn sich dies später rächen mag? Diese Fragen betonen den Gedanken des Selbstbestimmungsrechts in einer liberalen Gesellschaft, wonach jeder Mensch seine Angelegenheiten frei und ohne Einmischung von anderen regeln können sollte. Allerdings: Die Rechte anderer oder die anerkannten Regeln der Gemeinschaft dürfen durch die Selbstentfaltung Einzelner nicht über Gebühr eingeschränkt oder gefährdet werden. Jüngst hat die Corona-Krise mit ihrer Impfproblematik dieses Spannungsverhältnis nur allzu deutlich vor Augen geführt.

Tab. 1: Konsumentengruppen und ernährungspolitische Interventionen

Konsumentengruppe	Rechtfertigung staatlicher Ernährungspolitik
Verletzliche Konsument:innen	Bei Kindern und anderen schutzbedürftigen Verbraucher:innen sind sich Forschung wie Bevölkerung relativ einig, dass diese aufgrund der eingeschränkten Fähigkeiten vor gravierenden Fehlern im Konsumhandeln durch staatlichen Schutz bewahrt werden sollten (z. B. Verbot von an Kinder gerichteter Werbung bei gesundheitlich unvorteilhaften Produkten). Als schutzbedürftig gelten auch Verbraucher:innen, die sozial benachteiligt sind und häufig unter besonders hohem Stresspegel stehen.
Ambivalente Konsument:innen	Konsument:innen, die im Bereich der Ernährung zwischen kurzfristigen Bedürfnissen und Gelüsten auf der einen Seite und langfristigen Präferenzen auf der anderen Seite hin und her gerissen sind. Sie haben z. B. »eigentlich« eine Präferenz für Schlankheit und Gesundheit, tun sich aber schwer damit, dies im zeitknappen Alltag umzusetzen. Charakteristikum ist die Unzufriedenheit mit dem eigenen Ernährungsverhalten, wie sie sich in Diäten und dem Wunsch nach unterstützenden Rahmenbedingungen äußert. Lebensmittel mit suchtähnlichem Potenzial, bei denen die Verbraucher:innen sich nicht selten ihres Lasters schmerzlich bewusst sind, aber immer wieder ihren Versuchungen unterliegen, werden deshalb auch als »Versuchungs-Güter« bezeichnet. Ernährungspolitik kann hier eine Umgebung herstellen, die dieser Gruppe das Leben »leichter« macht.
Personen mit hoher Gegenwartspräferenz	Konsument:innen, die sich ganz bewusst (hinreichend rational) für den heutigen Genuss zu Lasten langfristiger Vorteile entscheiden. Ökonomen sprechen dann von einer starken Abdiskontierung der Zukunft oder hoher Gegenwartspräferenz. Ein Eingriff in die Konsumentenentscheidungen dieser Gruppe ist (nur) dann gerechtfertigt, wenn deutliche externe Effekte oder hohe volkswirtschaftliche Kosten vorliegen. Gesundheit zieht hier als Argument für diese Gruppe nicht, sehr wohl aber Klima- oder Tierschutz.

Quelle: Spiller et al. 2017.

Wie der obigen Tabelle zu entnehmen ist, sind bei der Diskussion um die Rechtfertigung staatlicher Ernährungspolitik verschiedene Verbrauchergruppen zu berücksichtigen. Die Abgrenzung zwischen der zweiten und dritten Gruppe sowie die Frage, wann negative volkswirtschaftliche Gesamteffekte einen staatlichen Eingriff legitimieren, bilden die eigentlichen Brennpunkte der aktuellen Auseinandersetzung. Empirische Untersuchungen ordnen einen eher kleinen Anteil von Menschen der dritten Gruppe zu.

Der Staat muss also genau abwägen, ob und mit welcher »Eingriffstiefe« das Ernährungshandeln beeinflusst werden darf. Bisher werden Instrumente mit größerer Eingriffstiefe wie z. B. Lenkungssteuern oder Verbote in Deutschland eher skeptisch bewertet. Im internationalen Vergleich gilt die Bundesrepublik sogar als besonders zurückhaltend: So bewertet die britische Kampagnen-Website »nannystateindex.org«, auf der gegen ernährungspolitische Eingriffe polemisiert wird, Deutschland als das Land mit den wenigsten staatlichen Eingriffen im Ernährungsbereich. In skandinavischen Ländern wie Finnland und Schweden, aber auch in Großbritannien und Frankreich werden erheblich mehr und eingriffstiefere Instrumente eingesetzt.

Ein stärkeres staatliches Eingreifen in diesen Ländern steht im Einklang mit den Ergebnissen der neueren ökonomischen Forschung. Staatliche Interventionen sind insbesondere bei Marktversagen zu rechtfertigen – also in einer Situation, in der die Koordination über den Markt nicht zu einem gesellschaftlich wünschenswerten Ergebnis führt. Im Hinblick auf ein nachhaltiges Ernährungsverhalten liegen folgende Ursachen für Marktversagen vor:

1. *Externe Kosten:* Konsumentscheidungen können negative Effekte auf andere Bürger:innen oder zukünftige Generationen nach sich ziehen. Diese betreffen beim Konsum von Lebensmitteln z. B. die damit verbundenen Treibhausgas-Emissionen, die das Klima für alle Menschen schädigen. Obwohl bestimmte Produkte das Klima deutlich negativer beeinflussen als andere, ist die

Höhe der Treibhausgas-Emissionen nicht kostenrelevant, weshalb man von »externen Kosten« spricht. Um »wahre« Preise zu erhalten, müssten diese Kosten in irgendeiner Form »eingepreist« werden – dies erfolgt durch Produzent:innen aber üblicherweise nicht freiwillig. So müsste der Staat etwa durch Lenkungssteuern umwelt- oder tierfeindliche Produkte verteuern.

2. *Volkswirtschaftliche Gesundheitskosten:* Häufig wird für ein Recht auf ungesundes Verhalten plädiert. Dieses Argument ist dann zu relativieren, wenn eine bestimmte Verhaltensweise negative volkswirtschaftliche Nettoeffekte auslöst, also das Gemeinwesen belastet. Diesem Ansatz folgend legitimierte das Bundesverfassungsgericht bspw. Helm- und Gurtpflicht. Dem wurde hinzugefügt, dass der nicht-angeschnallte Autofahrer (anderen) Verletzten nicht mehr helfen können wird. Es ist unstrittig, dass Adipositas enorme Gesundheitskosten verursacht, wenn auch die indirekten Kosten, z. B. die geringere Arbeitsproduktivität oder ein früheres Renteneintrittsalter, berücksichtigt werden. Deutschland steuert auf eine Diabetes-Typ-2-Welle mit voraussichtlich 11–12 Millionen Betroffenen im Jahr 2040 zu. Trotz vieler Behandlungsfortschritte handelt es sich um eine hochgradig einschränkende Erkrankung, die zunehmend auch jüngere Menschen betrifft. Die Kosten einer gesundheitsschädlichen Ernährung werden pro Jahr auf ca. 30–60 Milliarden Euro geschätzt.
3. *Suchtähnliche Risiken:* Viele verarbeitete Produkte enthalten einen hohen Anteil an Fett und Zucker. Es gibt Indizien, die darauf hinweisen, dass die erhöhte Konzentration und die schnelle Absorption dieser Substanzen zu suchtähnlichen Prozessen führen können, weil sie das Belohnungszentrum im Gehirn besonders ansprechen. Fest steht: Der Mensch ist evolutionsbiologisch auf Süße (weil nicht giftig) und Fett (Vorrat für schlechte Zeiten) programmiert. Viele Menschen sind mit ihrem eigenen Ernährungsverhalten unzufrieden und wünschen sich Unterstützung durch bessere Rahmenbedingungen. Die Hürde, das eigene Verhalten zu ändern, ist hoch, wenn sich bestimmte Mus-

ter einmal eingeschliffen haben. Um »Versuchungen« in der alltäglichen Ernährung zu vermeiden, böte es sich etwa an, in der Kantine oder Mensa bestimmte ungesunde Produkte gar nicht erst anzubieten.

4. *Psychologische Verzerrungseffekte:* Experimentelle Studien haben gezeigt, in welch starkem Umfang Konsument:innen systematischen Wahrnehmungs- und Entscheidungsverzerrungen (Bias) unterliegen. Viele Ernährungsmuster laufen gewohnheitsmäßig und ohne größere gedankliche Kontrolle ab – quasi im Autopiloten. Dabei kommt es leicht zu verzerrten Wahrnehmungen. Verbreitet sind der Optimistic-Bias (Vorstellung, dass man sich gesünder als der Durchschnitt der Bevölkerung ernährt – was für den Durchschnitt der Konsument:innen jedoch nicht zutreffen kann) oder der Portionsgrößen-Effekt (Neigung, bei vergrößerten Portionsgrößen, z. B. bei Softdrinks und Fast-Food, unbewusst mehr zu essen, als dies bei kleineren Portionen der Fall wäre). Hierbei wäre zur Diskussion zu stellen, ob der Staat XXL-Packungen – zumindest in Schulen und ihrer näheren Umgebung – untersagen sollte.
5. *Informationsasymmetrien:* Gesundheit und Nachhaltigkeit sind Vertrauenseigenschaften, die vom Einzelnen am Produkt weder vor noch nach dem Kauf überprüft werden können; ob ein Schwein tierfreundlich gehalten oder das Lebensmittel biologisch angebaut wurde, ist dem Endprodukt nicht anzusehen. Hier bedarf es verlässlicher, häufig erst vom Staat definierter Kennzeichnungssysteme. Informationsasymmetrien resultieren auch daraus, dass sich Ernährung erst langfristig auf die Gesundheit auswirkt: So können sich junge Menschen vielfach ungesund ernähren – mit den Konsequenzen werden sie häufig jedoch erst Jahrzehnte später konfrontiert. In Märkten mit hoher Informationsasymmetrie sind Verbraucher:innen systematisch in der benachteiligten Position und – durchaus zu Recht – misstrauisch, ob ein Lebensmittel tatsächlich nachhaltig produziert wurde.
6. *Marktmacht:* Aufgrund der Unternehmenskonzentration in Verarbeitung, Einzelhandel und Systemgastronomie entscheiden

heute wenige Player über Sortiment, Produktplatzierungen sowie Preisgestaltung und verfügen damit über weitgehende Gestaltungsspielräume. Eine hohe Relevanz ist der Tatsache beizumessen, dass die Margen und Werbeausgaben bei stärker verarbeiteten Produkten, etwa Süßwaren und Alkoholika, viel höher sind als bei unverarbeiteten Grundnahrungsmitteln. Der daraus resultierende Marketingdruck kann wettbewerbsverzerrend gegenüber Lebensmitteln mit geringeren Margen (z. B. Obst und Gemüse) wirken, denn auch wenn viele Werber dies abstreiten: Natürlich wirkt Werbung.

Insgesamt ergeben sich aus dieser ökonomischen Analyse gewichtige Argumente zur Begründung ernährungspolitischer Eingriffe. Die verstärkte Forschung zu den Ursachen von Marktversagen rechtfertigt auch eine umfassendere Unterstützung der Bürger:innen durch steuernde Eingriffe des Staates mit höherer Eingriffstiefe; denn Verbraucher:innen benötigen eine unterstützende Ernährungsumgebung, die einen niedrigschwelligen Zugang zu nachhaltiger Ernährung eröffnet.

In einer Demokratie bedeutet Legitimität aber nicht nur wissenschaftliche Rechtfertigung, sondern auch Akzeptanz der Bevölkerung. So ist die Steuer auf gesättigte Fettsäuren in Dänemark kurz nach der Einführung aufgrund starken politischen Widerstands wieder abgeschafft worden, obwohl sie wirksam war. In Befragungen werden Informationsmaßnahmen für gesunde Ernährung typischerweise befürwortet, auch in Form stärkerer Kennzeichnungsformen wie dem Nutri-Score – ein interpretatives System zur Nährwertkennzeichnung von Lebensmitteln. Etwas skeptischer betrachtet werden dagegen Steuern und Werbebeschränkungen, Einschränkungen der Werbung für Kinder werden allerdings mehrheitlich unterstützt. Grundsätzlich erhöht die Nutzung von Steuereinnahmen für gesundheits- und sozialpolitische Ziele die Akzeptanz einer Nahrungsmittelsteuer. In Großbritannien werden die Einnahmen der Softdrink-Steuer etwa für Schulverpflegung und Schulsportverbesserungen genutzt. Ist die Begründung eines Eingriffs für die Bürger:innen jedoch unklar, schwindet die Akzeptanz; starke Interventionen wie Verbote und Steuererhöhungen sollten daher erst nach ausführlichen Informationskampagnen einsetzen. Staatliche Eingriffe werden im Zeitablauf positiver gesehen als bei ihrer Einführung, was wohl in einer entstehenden Gewöhnung an die veränderten Umstände begründet liegt (Status-quo-Bias). Plausibel erscheint, dass die von Steuern betroffenen Bürger:innen negativer reagieren als Nicht-Betroffene. Grundsätzlich lässt sich konstatieren, dass vor allem Ältere und Frauen ernährungspolitischen Eingriffen positiver gegenüberstehen und Eingriffe eine höhere Akzeptanz erzielen, wenn sie als wirkungsvoll empfunden werden. Noch größer ist der Einfluss der wahrgenommenen Fairness einer Maßnahme: Hier liegt ein Problem von Steuererhöhungen, wenn diese vornehmlich einkommensschwache Haushalte vom Konsum bestimmter Produkte abhalten.

Insgesamt ist das Stimmungsbild der Bürger:innen zu ernährungspolitischen Eingriffen weitgehend heterogen. Im internationalen Vergleich tendiert Deutschland zum Individualismus – Verantwortung wird in erhöhtem Maß auf den Einzelnen und die Familie übertragen. Dennoch: Die Richtung ist klar; auch in Deutschland treten ernährungspolitische Instrumente zunehmend in das Zentrum der Diskurse.

Instrumente der Ernährungspolitik

Nach der Frage, ob der Staat handeln sollte, ist zu entscheiden, wie er konkret intervenieren kann: Die sogenannte »Leiter ernährungspolitischer Eingriffe« visualisiert das ernährungspolitische Instrumentarium zunehmender Einflussnahme auf das persönliche Wahlverhalten (▸ Tab. 2). Die geringste Interventionsstärke haben entscheidungsunterstützende Maßnahmen, während entscheidungsbeschränkende Instrumente die Auswahl begrenzen oder eine Verhaltensänderung erzwingen. Das in der Abbildung skizzierte Instrumentarium umfasst den direkt auf die Bürger:innen wirkenden Teil der Ernährungspolitik und wird durch Instrumente auf den vorgelagerten Wirtschaftsstufen (z.B. Förderung der Biolandwirtschaft) und auf interner Ebene (z.B. Politikinfrastruktur) ergänzt, die wir an dieser Stelle jedoch nicht weiter thematisieren.

Tab. 2: Leiter ernährungspolitischer Eingriffe

Instrument	Varianten	Ziele, Beispiele
Entscheidungs-beschränkung	Limitierte Auswahl durch Verbote	Verhaltensänderung durch Ausschluss unerwünschter Ernährungsangebote: komplettes Verbot unerwünschter Produkte, z. B. Bannmeile für Fast-Food-Angebote rund um Schulen
	Limitierte Auswahl durch Gebote/verpflichtende Standards	Verhaltensänderung durch Gebote bzw. verpflichtende Standards durchsetzen: z. B. Festlegung von Höchstgehalten für bestimmte Inhaltsstoffe, Verbot von Inhaltsstoffen, Ernährungsstandards in der Schul- und öffentlichen Gemeinschaftsverpflegung
Entscheidungslenkung	Gelenkte Auswahl durch negative Anreize	Verhaltensänderungen durch negative finanzielle Anreize veranlassen, insbesondere durch Lenkungssteuern und Lenkungsabgaben
	Gelenkte Auswahl durch positive Anreize	Verhaltensänderungen durch positive finanzielle Anreize veranlassen, insbesondere Subventionen und Bonusprogramme

Tab. 2: Leiter ernährungspolitischer Eingriffe – Fortsetzung

Instrument	**Varianten**	**Ziele, Beispiele**
	Gelenkte Auswahl durch veränderte Voreinstellungen	Verhaltensänderungen durch veränderte Voreinstellungen veranlassen: z. B. herausgestellte Platzierung von Produkten in der öffentlichen Gemeinschaftsverpflegung
Entscheidungsunterstützung	Erleichterte Auswahl	Verhaltensänderungen erleichtern: staatliche interpretative Labels (z. B. durch farbliche Symbolik) und Warnlabels, Wasserspender im öffentlichen Raum
	Informierte Auswahl	Informierte Entscheidungen verbessern und Markttransparenz erleichtern: Verbraucherbildung und -information, verpflichtende Detailinformationen (z. B. Nährwertangaben), Werbeeinschränkungen und -verbote
	Staatlicherseits nicht-regulierte Auswahl	Keine Maßnahmen, Situation beobachten

Quelle: Eigene Zusammenstellung in Anlehnung an Nuffield Council 2007.

Entscheidungsunterstützende Maßnahmen

Interventionen, die dieser Instrumentengruppe zugeordnet werden, haben die geringste Eingriffstiefe und zielen auf die direkte Unterstützung der Konsument:innen: So soll Ernährungsbildung die langfristige Kompetenz stärken, marktbezogene Verbraucherinformationen und Labeling sollen Transparenz über das Lebensmittelangebot schaffen und Werbe-, Wettbewerbs- sowie Kennzeichnungsrecht dem Schutz vor Fehlinformationen dienen.

Ernährungsbildung ist ein Instrument mit geringer Eingriffstiefe, das Verbraucher:innen für verantwortliche Konsumentscheidungen sensibilisiert – sowohl im Hinblick auf die eigene Gesundheit als auch in sozial-ökologischer Perspektive. Dieser Ansatz wurde häufig mit Fokus auf Kitas und Schulen diskutiert, z. B. hinsichtlich eines verpflichtenden Hauswirtschaftsunterrichts. Weitere stärker untersuchte Zielgruppen sind werdende Eltern und sozial benachteiligte Personen mit häufig hohem BMI. Unter dem Begriff »Bildung für nachhaltige Entwicklung« werden in jüngerer Zeit umfassende und häufig stärker handlungspraktisch ausgerichtete Bildungsmaßnahmen gerade auch für den Ernährungsbereich diskutiert.

Informationskampagnen versuchen, durch den Einsatz klassischer und neuer (sozialer) Medien ernährungsbezogene Informationen zu transportieren. Darauf basierend sollen in einem zweiten Schritt Veränderungen seitens der Konsumierenden auf Werte-, Einstellungs- und Motivebene erreicht werden. Besonders wirksam sind jene Informationen, die von Personen stammen, welche besondere Nahbarkeit vermitteln (etwa Influencer:innen). Der dritte Schritt, eine Veränderung des Verhaltens, gestaltet sich komplex: Theoretische wie empirische Arbeiten deuten darauf hin, dass Veränderungen stark gewohnheitsgeprägter Verhaltensmuster wie der Ernährung eines umfassenden Ansatzes bedürfen. Erfolgreicher sind deshalb Ansätze, die mit einem breiten Instrumenten-Mix arbeiten. Informationskampagnen sind letztlich – ähnlich wie die Werbung – vor allem von Kreativität und Kommunikationsdruck abhängig.

Aufbauend auf der Ernährungsbildung sollen Pflichtinformationen auf Produkten wie z. B. nährwertbezogene Angaben dem Verbraucher eine informierte Auswahl erleichtern. Im Gegensatz zu den im Folgenden diskutierten Labeln im engeren Sinne handelt es sich hier um voraussetzungsvolle Detailinformationen. Obgleich die Relevanz von Verbraucherbildung und -information unstrittig ist, gilt es zu bedenken, dass sie zu Teilen der Gesellschaft kaum durchdringen – und zwar gerade zu denjenigen, welche die Informationen besonders dringend erreichen sollten (z. B. Menschen in prekärer Lage).

Vor diesem Hintergrund verstärken sich die Diskussionen um Werbeeinschränkungen. Generell gehören Unternehmen der Süßwaren-, Softdrink- und Fast-Food-Industrie zu den werbestärksten Branchen der Wirtschaft. In verschiedenen Studien werden deutliche Effekte von Werbung auf Lebensmittelpräferenzen und das Ernährungsverhalten speziell bei Kindern festgestellt, weshalb Werbebeschränkungen für Kinderlebensmittel als wirksam gelten. Neben solchen Verboten zielt Politik auf die Verhinderung von unlauterer Werbung, bei der problematische Erzeugnisse als gesund oder nachhaltig vermarktet werden.

Label dienen dazu, Informationen am Verkaufsort und auf dem Produkt zu vereinfachen und stärker handlungsunterstützend zu gestalten; darüber hinaus bieten sie auch einen Werbeeffekt. Sie sind der zentrale Schwerpunkt der nachhaltigkeitsorientierten Ernährungspolitik und existieren in unterschiedlicher Form. Allerdings bewirken Label allein in einem durch Werbung informationsüberlasteten Markt nur geringe Veränderungen und ziehen eher die Aufmerksamkeit bereits interessierter Konsument:innen auf sich. Neben intendierten Wirkungen müssen auch unerwünschte implizite Effekte berücksichtigt werden – »gesund« könnte mit »schmeckt nicht« oder mit einem geringen Kaloriengehalt assoziiert werden und hierdurch zu höherem Verzehr führen. Auch die Ausgestaltung ist zentral: So deutet sich an, dass interpretative Label wie der Nutri-Score eine höhere Wirkung erzielen. In jüngerer Zeit laufen erste Studien zu negativen Warnlabeln, z. B. für besonders klimabelastende Produkte. Obgleich beim Labeling durch den Nutri-Score und Tierschutzkennzeichnung einige Verbesserungen verzeichnet werden konnten, bleibt der »Label-Dschungel« noch immer weitgehend undurchsichtig.

Eine ähnlich verdichtende, handlungsleitende Funktion besitzen Werbeclaims: Mit der Health-Claims-Verordnung der EU wurde

2006 eine präventive Werberegulierung auf wissenschaftlicher Basis eingeführt. Da Werbung mit Gesundheitsargumenten seither durch wissenschaftliche Belege gestützt werden muss, dürfen viele vormals genutzte problematische Claims nicht mehr verwendet werden. Teile der Wirtschaft konterkarieren diesen positiven Ansatz jedoch, insofern sie mit Attributen wie »Fitness« und »Wellness« indirekte Gesundheitsbezüge herstellen – die Politik läuft hier der Kreativität von Umgehungsbemühungen zuweilen hinterher.

Unterstützungsangebote versuchen, die Verbraucher:innen bei der Umsetzung ihrer Ernährungsziele zu begleiten: Sie reichen von Tracking- und Feedback-Systemen in Smartphone-Apps bis zu psychologischer Unterstützung, die in persönlicher Form zwar effektiv, aber teuer ist. Einfache Apps haben sich als Unterstützung zur Realisierung von Ernährungszielen als hilfreich erwiesen, insbesondere wenn sie explizit auf Verhaltensänderungen hin gestaltet sind. Es sei jedoch hervorgehoben, dass psychologische Interventionen bei Essstörungen unumgänglich sind. Häufig werden Konzepte aus dem Suchtbereich zur Steigerung der Motivation eingesetzt, sowohl allein als auch in Kombination mit kognitiver Verhaltenstherapie.

Entscheidungslenkende Maßnahmen

Während die vorhergehend genannten Instrumente auf eine Verbesserung der Entscheidungsgrundlage zielen, sind in der folgenden Maßnahmengruppe Instrumente zusammengefasst, die durch eine Veränderung der Entscheidungssituation das Wahlverhalten beeinflussen sollen.

Das aus den USA kommende Nudging (Stupsen) soll Verhalten in eine bestimmte Richtung lenken, ohne Optionen zu verbieten oder ökonomische Anreize zu verändern – bspw. durch geeignete

Platzierung von gesundheitsförderlichen Lebensmitteln. Nudging wirkt über Stimuli, die zu einer veränderten Entscheidungssituation führen, und wird häufig im Hinblick auf die Gemeinschaftsverpflegung diskutiert. Neben der hervorgehobenen Platzierung gelten Voreinstellungen als geeignet, z. B. durch standardmäßig gesunde Beilagen in der Gemeinschaftsverpflegung. Insgesamt gibt es jedoch nur eine begrenzte Anzahl von Wirkungsstudien für Nudging mit nicht immer eindeutigen, aber zumeist positiven Ergebnissen.

Die aufgrund des technologischen Fortschritts in der Landwirtschaft gesunkenen Preise von Lebensmitteln insgesamt und von bestimmten energiedichten Produkten im Speziellen sind ein Treiber von Übergewicht. Entsprechend liegt es nahe, ökonomische Anreize als politisches Steuerungsinstrument zu nutzen. Diese können als Steuern unerwünschte Konsumalternativen verteuern, während Subventionen den Konsum attraktiver machen.

Da Subventionen von der Bevölkerung eher akzeptiert werden, erfreuen sie sich als Politikmaßnahme besonderer Popularität, obwohl sie teuer sind. Um bspw. die Nachfrage nach Obst und Gemüse zu erhöhen, könnte der Staat die Mehrwertsteuer auf diese Lebensmittel auf null absenken. Wenn ein Produkt für alle Konsument:innen gleichermaßen günstig wird, profitieren die sich ohnehin bereits gesund ernährenden Teile der Bevölkerung hiervon jedoch stärker – insofern gilt es zu bedenken, dass Subventionen gegebenenfalls sozial ungleich wirken. Aus psychologischen Gründen können die Reaktionen auf die Verteuerung eines Produktes gravierender als die auf eine Subventionierung ausfallen, weil Steuern Verlustaversionen auslösen; dann sollten Subventionen im Vergleich stärker sein, um die angestrebte Nachfrageänderung zu erzielen. Insgesamt zeigen die vorliegenden Studien positive Wirkungen auf die Qualität der Nahrungszusammensetzung, während die Evidenz für Kalorienreduktion gemischt ist. Neben Subventionen fallen auch Bonusprogramme, z. B. von Krankenkassen oder Unternehmen für ihre Mitarbeitenden, in die Kategorie der positiven Anreize.

Die potenzielle Wirkung einer Steuer wird durch die (Eigen-) Preiselastizität der Nachfrage erfasst, die misst, wie stark Verbraucher:innen auf eine einprozentige Verteuerung reagieren. In wohlhabenden Ländern sind Preiselastizitäten zumeist gering, sodass deutliche Steuererhöhungen erforderlich sind. Eine starke Anhebung von Verbrauchssteuern wirft jedoch sozialpolitische Fragen auf, zumal Menschen mit geringem Einkommen stärker auf Preiserhöhungen reagieren: So senken Personen mit geringem Einkommen nach den Ergebnissen einer umfassenden Analyse von Softdrink-Steuern in den USA ihre Kalorienzufuhr mehr als doppelt so stark wie die Personengruppe mit hohem Einkommen (Zhen et al. 2013). Konsumsteuern wirken damit regressiv, belasten die Geringverdienenden also in finanzieller Hinsicht stärker, üben aber gerade dadurch auch einen stärkeren Einfluss auf das Verhalten aus. Konsumsteuern könnten von sozial schlechter gestellten Bürger:innen mithin als ungerecht bewertet werden, da die Umsetzung ihrer Präferenzen erschwert wird, während vermögendere Haushalte größere Verhaltensspielräume aufweisen. Zu berücksichtigen sind zudem potenziell auftretende Substitutionseffekte: Wenn etwa preiswerte fetthaltige Produkte an die Stelle des Fleisches träten oder alkoholische Getränke Softdrinks ersetzten, müssten ungünstige Substitute vergleichbar besteuert werden. Hier weisen breit angelegte Lenkungssteuern Vorteile auf.

Entscheidungsbeschränkende Maßnahmen

Ernährungspolitische Interventionen aus der Gruppe der entscheidungsbeschränkenden Maßnahmen stellen die stärksten Eingriffe in das persönliche Wahlverhalten dar, indem unerwünschte Optionen durch ordnungsrechtliche Bestimmungen grundsätzlich ausgeschlossen werden.

Durch ordnungsrechtliche Gebote werden Vorschriften zur Förderung eines gewünschten Verhaltens erlassen. Derzeit werden in der Europäischen Union z. B. Vorgaben zur Veränderung von Rezepturen (Reformulierung) breit diskutiert: Die Reduktion des Fett-, Salz- und Zuckergehalts in Lebensmitteln soll zu einer gesundheitsförderlichen Ernährung der Bevölkerung beitragen. Seit 2021 gilt etwa eine von der EU-Kommission festgelegte verbindliche Obergrenze für gehärtete Fette, sogenannte Transfette, in Lebensmitteln. In vielen Ländern sind überdies freiwillige Vereinbarungen zwischen Regierungsorganisationen und Branchenvertreter:innen abgeschlossen worden – so auch in Deutschland, etwa durch die nationale Reduktions- und Innovationsstrategie für Zucker, Fette und Salz in Fertigprodukten. Einige Länder arbeiten aber zudem mit verbindlichen Vorgaben von Höchstmengen für bestimmte Nährstoffe: So gibt es etwa in den Niederlanden, Bulgarien und Portugal gesetzliche Höchstgrenzen für den Salzgehalt in Lebensmitteln. Erste Studienergebnisse zur Effektivität solcher Reformulierungsstrategien kommen zu einer positiven Einschätzung. Auch der Vergleich der ernährungspolitischen Wirkung von verpflichtenden Reformulierungs- versus Informationskampagnen führt zu dem Ergebnis, dass die verpflichtende Reformulierung effizienter ist und darüber hinaus weniger sozial selektiv wirkt.

Die verbindliche Festlegung von Qualitätsstandards in der Schulverpflegung, die auf Grundlage wissenschaftlicher Erkenntnisse weltweit diskutiert wird, stellt ein weiteres Beispiel für eine entscheidungsbeschränkende Maßnahme dar. Erfolge konnten bereits verzeichnet werden: Wie Studien belegen, wirkt sich eine auf diesen Standards basierende Schulverpflegung positiv auf den Body-Mass-Index von Schüler:innen aus.

Verbote stellen die weitreichendsten Eingriffe in die Entscheidungsmöglichkeiten des Einzelnen dar. So können bestimmte Konsummöglichkeiten verboten (z. B. Verkauf von Alkohol an unter 16-Jährige) oder eingeschränkt (z. B. keine Abgabe von Alkohol an Betrunkene) werden. Ein Verbot von Fast-Food-Angeboten in der Umgebung von Schulen führte in anderen Ländern etwa zu einer besseren Beteiligung an der Schulverpflegung. Jedoch zeigen Studien, dass Verbote auch Reaktanzeffekte auslösen können: In einer Überprüfung der Wirkung eines verpflichtenden Veggie-Days in Schulen wurde kurzfristig ein Rückgang der Teilnahme an der Schulverpflegung beobachtet; mittelfristig »normalisierte« sich das Verhalten der Schüler:innen allerdings wieder. Reaktanzeffekte treten gleichwohl nicht zwangsläufig auf – vielmehr sind sie abhängig von der Umsetzung und kommunikativen Begleitung im Einzelfall. Üblicherweise schwächt sich das Reaktanzverhalten im Zeitablauf zudem ab.

Mix ernährungspolitischer Instrumente

Fast alle Instrumente beeinflussen Verhalten – aber jedes für sich nur begrenzt. Instrumente sollten deshalb aufeinander abgestimmt werden, da ein einzelnes Instrument häufig nicht effektiv genug ist, um das gewohnheitsgeprägte Ernährungsverhalten entscheidend zu verändern – die gleiche Erfahrung haben im Übrigen das kommerzielle Marketing und der Public-Health-Bereich gemacht. Dagegen lassen sich durch eine abgestimmte Kombination der verschiedenen Instrumente beachtliche Synergieeffekte erzielen.

In dieser Hinsicht werden häufig die Erfahrungen der Tabakpolitik angeführt. Studien haben hier gezeigt, dass eine Kombination verschiedener Instrumente zentral ist: Erst durch einen Mix diverser Maßnahmen konnten größere Fortschritte zur Eindämmung des Tabakkonsums erzielt werden. Trotz ungenauer Steuerungswirkung einzelner Instrumente und innerem Widerstand gegen staatliche Verhaltenssteuerung (der sogenannte Reaktanzeffekt) sind selbst bei einem Suchtgut wie Tabak breite Verhaltensänderungen möglich. Tabelle 3 zeigt am Beispiel der britischen Anti-Tabakpolitik, wie stark die Instrumente jeweils gegriffen haben:

Tab. 3: Wirksamkeit von Politikmaßnahmen am Beispiel Rauchen in UK

Politik	**Beschreibung**	**Wirkungsabschätzung (Reduktion vom Ursprungswert)**
Steuererhöhung	Prozentuale Verteuerung des Zigarettenpreises	Bei 10 % Steuer 4 % Reduktion für Alter von 15–17, 3 % bei 18–24, 2 % bei 25–34, 1 % bei 35 und älter
Rauchfreie Zonen	Verbot in allen öffentlichen Bereichen (bei schwacher Kontrolle)	10 % (nur 5 %)
Infokampagne	Mittlere Intensität (2 Monate im Jahr TV und mindestens einem weiteren Medium)	3,25 %
	Niedrige Intensität (sporadisch)	1 %
Marketingverbot	Umfassendes Werbeverbot für TV, Radio, Print, Außenwerbung, In-Store, Sponsoring, Gratis-Proben	5 % (6 % weniger Anfangende, 3 % mehr Aufhörende)
	Eingeschränktes Werbeverbot für TV, Radio, Print, Außenwerbung	1 % (1 % weniger Anfangende)
	Keine Kontrolle und Durchsetzung	Effekt von oben reduziert auf die Hälfte
Warnlabel	1/3 der Fläche einnehmend, umfassende grafische Umsetzung	0,75 % (0,5 % weniger Anfangende, 2,5 % mehr Aufhörende)
	Weniger als 1/3, ohne Grafik, nicht hervorgehoben	0,5 % (0,5 % weniger Anfangende, 1 % mehr Aufhörende)

Tab. 3: Wirksamkeit von Politikmaßnahmen am Beispiel Rauchen in UK – Fortsetzung

Politik	**Beschreibung**	**Wirkungsabschätzung (Reduktion vom Ursprungswert)**
Raucherentwöhnungsprogramme	Kostenlose Verfügbarkeit von pharmakologischen und verhaltensorientierten Unterstützungen und Interventionen	4,75 % (39 % mehr Aufhörende)
Jugendschutzregeln	Strikte Umsetzung mit Kontrolle und Strafen inkl. Automaten	30 % Reduktion und weniger Anfänger für < 16 Jahre, 20 % für 16–17 Jahre
	Schwache Umsetzung ohne öffentlichen Druck, geringe Kontrollen und Strafen	3 % Reduktion und weniger Anfänger für < 16 Jahre, 2 % für 16–17 Jahre

Quelle: Levy et al. 2012. Wenn nicht anders benannt, ist die prozentuale Reduktion im Einführungsjahr im Vergleich zu einer Situation ohne Politik angegeben; Schätzungen auf der Basis von Literaturauswertungen, Expertenbefragungen und Modellabschätzungen.

Gesundheits- und umweltpolitische Problemfelder in der Ernährung können auf ein komplexes Ursachenbündel auf individueller (z. B. Werte), sozialer (z. B. Familie) sowie gesellschaftlicher Ebene (z. B. Essensangebot) zurückgeführt werden, weshalb sie sich nur mit einem breiten Instrumenten-Mix erfolgreich angehen lassen.

Fazit

Insgesamt deutete in den letzten Jahren vieles darauf hin, dass ein konstruktives und ambitioniertes Zusammenwirken von Staat, Unternehmen und Zivilgesellschaft eine fruchtbare Basis für relevante Fortschritte in Richtung einer nachhaltigen Ernährung bildet; einzelne Akteure sind angesichts der großen Herausforderungen hingegen wenig wirkungsmächtig. Durch die starke Betonung der Eigenverantwortung von Individuen und Familien wurden die politischen Dimensionen der heutigen Ernährungsmuster in Deutschland lange Zeit in den Hintergrund gedrängt. Erst langsam wächst die Erkenntnis, dass die Gestaltung einer fairen Ernährungsumgebung auch der Politik obliegt.

Nachhaltigkeitspolitik mit ihren großen Transformationsherausforderungen verlangt mutige Akteur:innen in Politik, Wirtschaft und Zivilgesellschaft. Ernährung ist für viele Menschen eine zentrale Quelle von Wohlbefinden (oder aber auch von Beschwerden) und durch den hohen Einfluss auf die Naturgestaltung wie auch den Umgang mit Nutztieren überdies ein ethisch äußerst verantwortungsvolles Gebiet.

Literatur

Levy, David T.; Currie, Laura; Clancy, Luke (2012): Tobacco control policy in the UK: blueprint for the rest of Europe? In: European Journal of Public Health, 23, S. 201–206

Nuffield Council on Bioethics (2007): Chapter 3: Policy process and practice. In: Public health ethical issues. Nuffield Council on Bioethics, London, http://nuffieldbioethics.org/wp-content/uploads/2014/07/Public-health-Chapter-3-Policy-process-and-practice.pdf [zuletzt abgerufen am 28.02.2022]

Spiller, Achim; Zühlsdorf, Anke; Nitzko, Sina (2017): Instrumente der Ernährungspolitik. Ein Forschungsüberblick. In: Ernährungs Umschau, 64 (3 + 4), S. 146–153 und 204–209

Willctt, Walter; Rockström, Johan; Loken, Brent et al. (2019): Food in the Anthropocene: The EAT–Lancet Commission on healthy diets from sustainable food systems. In: The Lancet, 393 (10170), S. 447–492. Online: https://doi.org/10.1016/S0140-6736(18)31788-4 [zuletzt abgerufen am 23.01.2022]

Wissenschaftlicher Beirat für Agrarpolitik, Ernährung und gesundheitlichen Verbraucherschutz (WBAE) beim BMEL (2020): Politik für eine nachhaltigere Ernährung: Eine integrierte Ernährungspolitik entwickeln und faire Ernährungsumgebungen gestalten, Gutachten, Berlin. Online: https://www.bmel.de/SharedDocs/Downloads/DE/_Ministerium/Beiraete/agrarpolitik/wbae-gutachten-nachhaltige-ernaehrung.html [zuletzt abgerufen am 18.01.2022]

Zhen, Chen; Finkelstein, Eric A. et al. (2013): Predicting the effects of sugar-sweetened beverage taxes on food and beverage demand in a large demand system. In: American Journal of Agricultural Economics, 96 (1), S. 1–25

Die Macht der Medien: Schön – stark – gesund

Jan Grossarth

Hochgewichtig ist hochinteressant: Das Zeitmagazin brachte am 12. August 2021 die stark adipöse und intensiv tätowierte, im Bikini posierende Yogalehrerin Jessamyn Stanley auf die Titelseite. Zu sehen waren ihr voluminöser Bauch, der weit aus dem Bikini hervorquoll, und ein trotzig-stolzer Blick. War das nur eine journalistische Provokation – das starke Übergewicht in die vertraute Pose der inszenierten schlanken Schönheit zu bitten? Oder meinte das Zeitmagazin, damit ein Tabu zu brechen?

Abb. 1: Die Yogalehrerin Jessamyn Stanley auf dem Cover des Zeitmagazins (Quelle: Zeitmagazin).

Allein das Tabu gab es schon lange nicht mehr. Eine Übergewichtige im Bikini? Nicht idealschön, nicht vernünftig ernährt, und trotzdem »sehenswert«? Das war zu Beginn der 2020er-Jahre nicht gerade eine neue Haltung. Schon seit mindestens 30 Jahren ist das selbstbewusste Zurschautragen des vermeintlich »Nicht-Normalen«, geradezu Anti-Idealen eine Rolle, die aus der massenmedialen Inszenierung vertraut scheint. Vergleichbare Auftritte nicht »idealschöner« Mitglieder der Gesellschaft – das Coming-out des

»Unästhetischen« – hatten schon mit den Nachmittags-Fernsehtalkshows der 1990er-Jahre begonnen, in Sendern wie Pro 7 oder Sat 1: Sie ereigneten sich in populären Sendungen, die »Arabella« hießen, »Vera am Mittag« oder »Sonja«. Schon hier durfte die Bühne in großen Teilen dem quotenträchtigen »Otto Normalabweichler« (Jürgen Kaube) gehören. Bulimiker und Übergewichtige traten auf, Fetisch-Dominas und bekennende Langzeitarbeitslose, Transvestiten oder Suchtkranke. Manchmal kam ihnen die Rolle des Randständigen zu, manchmal auch die der Heldin, die offen zu dem steht, was sie ist. Die Gäste schienen ihre Auftritte als Emanzipationsakt zu empfinden, den Applaus als heilsam. Im historischen Vergleich betrachtet ist dies vermutlich der wesentliche Unterschied zur düsteren Tradition der »Liliputaner-« und »Völkerschauen« des frühen 20. Jahrhunderts, in denen sich ein unterhaltungshungriges Publikum am Reiz des Absonderlichen erfreute, das Andersartige jedoch niemals eingeladen war, emanzipatorisch gemeinte ästhetische Überzeugungen zu verkünden. Erst die audiovisuellen, unterhaltungsorientierten privaten Massenmedien rissen die Trennwände zwischen »Normalem« und »Andersartigem« oder »Fremdartigem« ein – das stellte einen nicht zu unterschätzenden emanzipatorischen Beitrag dar.

Andererseits bestätigt der Nachrichtenwert des Abweichenden die Hartnäckigkeit verbreiteter Normen von leistungsfähigen, schlanken Körpern. Nicht nur die Schlankheitsnorm ist hier zu nennen. Auch andere Kategorien sind maßgeblich, wenn es um Fragen von Ernährungsimperativen der gegenwärtiger Lifestyle-Gesellschaften geht: gesund und krankmachend, leistungsfördernd oder -hemmend, identitätsstiftend. Über Ernährungsstile kommunizieren Menschen ihr Verhältnis zu sozialen Gruppen, Milieus und Moralvorstellungen. So ist das vermeintlich hoch individualisierte Essverhalten doch als Ausdruck sozialer und kultureller Bezugnahme zu sehen (Hirschfelder 2019):

»Die massive Fokussierung auf das Essen folgt letztlich einer gesellschaftlichen Logik, denn die spätkapitalistische Globalgesellschaft mit ihrer permanenten Unsicherheit führt dazu, dass sich junge Menschen in ihren biografischen Chancen bedroht fühlen«, schreibt Gunther Hirschfelder und stellt fest: »Nicht zuletzt deshalb sehen Abitur-Bälle heute aus wie Hollywood-Castings, schon Heranwachsende folgen Eiweißdiäten zum Muskelaufbau.«

Dabei stellen sich die Fragen: Welche Rolle spielen die Medien? Üben sie Macht aus, verstärken sie Ernährungsimperative – bestimmen sie mit, wie und was wir essen?

Schönheits- und Ernährungsimperative im digitalen Zeitalter

Das Zeitmagazin ist als Unterhaltungsmedium für akademische Kreise von begrenzter Reichweite. Die Frage nach der Medienmacht muss viele weitere Kanäle berücksichtigen, insbesondere die sozialen Medien und Online-Bewegtbildformate. YouTube ist für Ratsuchende nach Google die zweitmeist genutzte Internetressource. Aber auch Nischenmedien und die uferlose Ratgeber- und Magazinlandschaft sind relevant. Auf folgende fünf Kategorien und ihre »Wirkmacht« wird dieser Beitrag später unter Berücksichtigung der drei Aspekte Fragmentierung der Medienlandschaft, Vertrauensverlust sowie innere Abwehrreaktion (Reaktanz) detaillierter eingehen:

- Die Vorbildung- und Orientierungsfunktion von Social-Media- und Rundfunkkanälen, Online-Plattformen oder Ratgeberliteratur.
- Die Verfestigung und Verbreitung von Ernährungsimperativen über Online-Boulevardmedien oder Videoportale.
- Die Agenda-Setting-Funktion der Leitmedien hinsichtlich ökologischer Lebensstile und entsprechender Verhaltens- und Ernährungsimperative.
- Über Nischenmedien vermittelte identitätsbezogene Ernährungsempfehlungen für bestimme Milieus oder Gruppen.

Wie wirkmächtig sind diese Publikationen? Führen sie auch zur Umsetzung der Ernährungsimperative im Alltag, und unter welchen Bedingungen? Prägen Medien kulturelle Vorstellungen von gesunder Ernährung oder reproduzieren sie diese? Letzteres ist gewiss. Was als Vorstellung vom Schönen (und im Kontrast dem Hässlichen), Gesunden und Ungesunden existiert, wird in Film, Social-Media-Kanälen oder in Zeitungen vermittelt und auch definiert; es reproduziert sich medial. Die Frage, was zuerst war, Henne oder Ei – also in diesem Fall: Ernährungsideal oder Darstellung des Ernährungsideals –, ist überhaupt von akademischer Natur und eigentlich nur sinnvoll im konkreten Fall zu beantworten. Dabei lässt sich festhalten, dass Medienstars Schönheits- und Food-Trends stimulieren können: Nach dem Erfolg der »Zerstörungs-Videos« des YouTube-Stars Rezo war jedenfalls zu beobachten, dass einige junge Menschen mit blau gefärbten Haaren vom Zuschnitt Rezos durch die Welt gingen – aber ein Hype ist noch kein neues Ideal. Auch nach Abdruck des Interviews mit der adipösen Yogalehrerin im Zeitmagazin ist nicht überliefert, dass sich begeisterte schlanke Yogapraktikerinnen und -praktiker mit Gänseschmalz und Bonbons gemästet hätten, um das neue, medial vermittelte Normalmaß zu erreichen. In gesellschaftlicher Hinsicht hinterließ der Beitrag keine Spuren – vielmehr waren die Leserinnen und Leser für einen Moment einfach gut unterhalten.

Die »Macht« der Medien in der fragmentierten digitalen Welt

Die Frage nach Medienmacht ist in einer liberalen, demokratischen Gesellschaft schwerer zu beantworten als die Frage nach Medienmacht durch gesteuerte Propaganda in einem autoritären Staat. Ob es die Medien sind, die Vorstellungen von Schönheit, Stärke und gesunder Ernährung prägen, kann zudem in Zeiten einer stark fragmentierten Medienöffentlichkeit mehr denn je infrage gestellt werden. Die Vorstellung von Medienschaffenden, die einheitliche Imperative formulierten oder intentional transportierten, und damit Wirkung erzielten, erscheint allein angesichts der unüberschaubaren Größe der digitalen Medienlandschaft ohnehin überholt, ja geradezu naiv – je mehr Medien und Medienkanäle es gibt, desto stärker beginnt das Klischee von der »Macht der Medien« zu bröckeln.

Die Medienlandschaft ist also nahezu unüberschaubar fragmentiert und zersplittert. Das gilt nicht nur für die Vielzahl an Fernsehsendern, Radio- und Social-Media-Kanälen, News- und Unterhaltungsseiten, sondern auch für die Massen an Medienproduzenten. Zehntausende Institutionen sind selbst im uferlosen digitalen »Newsroom« gewissermaßen Medienproduzenten geworden: Organisationen der Wirtschaft, Wissenschaft oder des Staates tragen seit den frühen 2010er-Jahren verstärkt ihr eigenes »Storytelling« bei. Medien(schaffende) sind für sie vor allem in dem Maße interessant, in welchem sie zur Verbreitung der sogenannten Stories beizutragen haben. Reichweite ist das knappe Gut in der fragmentierten Medienlandschaft. Eine weitere geschätzte Eigenschaft der Kooperationspartner ist Harmlosigkeit. Diese Tendenz befördert insgesamt das Sterben des ernsthaften Journalismus – ebenso wie die Tatsache, dass die zunehmend jungen und unerfahrenen Onlinejournalistinnen und -journalisten ihre Büros immer seltener verlassen, das Telefon zur Recherche kaum noch nutzen, sondern sich mit Archivwissen, Google oder meinungsstarken Tweets als Recherchegrundlagen begnügen. Ein Widerspruch, ein Fehler in der Sache, ein »Streit« oder ein »Ärger um« ist immer schnell gefunden – der Sturm der Meinungen auf Twitter kennt keine Ruhephasen, und Skandalisierung ist einfaches Handwerk.

Für die Verbreitung institutioneller Botschaften oder »Stories« avancierte aber eine Gruppe zur ersten Wahl: die Influencer. Diese leben ihrerseits meist von monetären Zuwendungen und sind in ihrer Anzahl und dem Spezialisierungsgrad derart viele geworden, dass sich Agenturen auf ihre Vermittlung spezialisiert haben. Hinsichtlich der Food- und Schönheits-Influencer handelt es sich um einen besonders lukrativen und großen Markt. Das sorgt für permanenten Nachschub an Stories. Das finanzielle, werbefokussierte Motiv ist in diesem Bereich erheblich. Beauty- und Fitnessthemen sind das Werbeumfeld für Anbieter von Nahrungsergänzungsmitteln und der Gastronomie, Mode und Kosmetik, Dating- und Kontaktapps, Wellness und Reisen, Event- und Konzerttickets. Hier fällt eher die nicht intentionale, dem allgemeinen Geschmack entsprechende Reproduktion von Schönheits- und Ernährungsidealen ins Gewicht, kaum aber pädagogische Absichten, letztere zu verändern. Es wirkt so, als führe die permanente Thematisierung von Ernährungsfragen eher zu einer Verstärkung der Unsicherheit, die weiteren Thematisierungsbedarf zu Folge hat – zumal es unzählige mediale Nischen im fragmentierten Social Media gibt, die unzählige Antworten anbieten. Sie bestehen aus Kanälen und »opinion leaders« der Schlanken und Kranken, Gesunden und Übergewichtigen, Jungen und Alten, Grauen und Blauhaarigen. Jedes Angebot trifft eine Nachfrage. Besonders erfolgreich sind die Schlanken, Blonden und Sportlichen. Pamela Reif, die den Idealtypus der Beauty-Influencerin verkörpert, konnte im Dezember 2021 mehr als acht Millionen Instagram-Follower verzeichnen. Zum Vergleich: Die hochgewichtige Yogalehrerin aus dem Zeitmagazin hatte dagegen auf ihrem Instagram-Hauptaccount @mynameisjessamyn nur knapp 500 000 Follower.

Followerzahlen offenbaren Mehrheiten und Minderheiten kultureller Schönheitsideale. Was mehrheitlich als schön empfunden wird, das klickt, verkauft sich, erscheint attraktiv und nachahmenswert. Kaufkraft, Nachfrage, Angebot und die bildlich vermittelten Schönheitsbehauptungen in der fragmentierten digitalen Medienproduktion verfestigen oder verändern Normen. Aber wo ist hier Macht? Ist die absolute Klick-Marktwirtschaft nicht die institutionalisierte Machtlosigkeit? Influencer haben zweifelsohne Orientierungswert, gerade für charakterlich wenig gefestigte junge Menschen – und das ist ja auch eine Macht, die sich in der Nahbarkeits Illusion begründet. Influencer antworten sogar manchmal oder geben einen Like zurück.

Die »neue« und die »alte« Medienwelt sind vielfältig miteinander verbunden. Auch bezogen auf die klassischen Medien ist die Machtfrage nicht trivial. Macht wird in modernen Gesellschaften meist nicht linear (von A nach B) ausgeübt – und schon gar nicht in diesem Bereich der Gesellschaft: vom Medium zum Bürger –, sondern unterliegt, wie der Soziologe Niklas Luhmann vor Jahrzehnten treffend sagte, vielschichtigeren Dynamiken (Luhmann 2013):

> »Demokratische politische Systeme suchen zum Beispiel dem Publikum Macht über die Politik, dieser Macht über die Verwaltung und dieser Macht über das Publikum zu verschaffen, also einen Kreislauf einflussreicher Kommunikation in einem funktional differenzierten System herzustellen [...].«

Was bedeutet das, bezogen auf die Frage nach der Macht der Medien? Dieser Gedanke führt zunächst weg von naiven Vorstellungen einer Befehls- und Gehorsamsmachtausübung (gerade die wird ja von den teils sehr reichweitenstarken »Alternativmedien« den hier sogenannten »Mainstream-Medien« immer wieder unterstellt, wenn sie recht eindimensional ein mediales Diktum der »political correctness« behaupten). Macht ist die Befähigung, das Verhalten anderer zu beeinflussen. Gewiss zählt dazu die Wächterfunktion der Presse, die »roten Linien« des demokratischen Diskurses immer wieder zu festigen. Medienmacht setzt Strukturen der Macht voraus, wie auch einen Willen zur Macht.

Journalisten sind keine Ernährungspädagogen

Warum eigentlich sollte z. B. eine Zeitschrift bestimmte Körper- oder Ernährungsideale propagieren und damit Verhaltensänderung intendieren? Diese Vorstellung ist realitätsfremd, unter Ernährungspädagogen und -pädagoginnen aber verbreitet: Sie träumen von pädagogischen Artikeln und Beiträgen, die das Volk zur wissenschaftsbasierten Ernährung und somit zur Gesundheit anleiten. Das mag sowohl einem ärztlichen Ethos wie auch einer Verwaltungslogik entsprechen, aber es harmoniert weder mit dem journalistischen Selbstverständnis noch mit der Anreizstruktur, unter der Journalistinnen und Journalisten arbeiten.

Trends wie Imperative entstehen im Wirkungskreis komplexer, schwer nachvollziehbarer Zusammenhänge. Oft wirkt es wie zufällig: Eine italienische Band gewinnt knapp einen Eurovision-Wettbewerb. Die Punk-Sänger tragen Damenstiefel. Zufällig trifft dies einen Nerv, und der Damenstiefel für punkige Männer wird zur Mode. Moden, Ideale und Imperative folgen keinem Plan, sondern sind das Ergebnis komplexer Kommunikation mit vielen beteiligten Akteuren. Der Einfluss der Medien als »mächtige« Akteure – im Sinne hierarchisch ausgeübter Meinungslenkung und Verhaltensmanipulation – wird von der Gesellschaft systematisch überschätzt. Verlage und Sender haben zweifellos ihre politischen Ausrichtungen. In einem Dschungel, in dem nahezu jeder Mensch zugleich Absender und Empfänger von Nachrichten sein kann, ist dennoch die Frage zu stellen, ob der Fokus auf die Macht dieser Medien noch zeitgemäß ist. Wo und inwiefern gibt es eine mediale Macht in der »redaktionellen Gesellschaft«, wie sie der Medienwissenschaftler Bernhard Pörsken bezeichnet hat? In welchem Bereich kann man mit guten Gründen von Medienmacht sprechen? Das ist der Bereich der politischen Leitmedien.

Die Leitmedien und ökologische Ernährungsimperative

Ereignet sich massenmediale Macht also in der Regel nicht in simpler Diktion irgendwelcher Ernährungsnormen, sondern – wieder mit Luhmanns Worten – im »Kreislauf einflussreicher Kommunikation in einem funktional differenzierten System«, so geht es hier also um komplexere Kommunikationszirkel und darin wesentlich um die Selbst- und Fremdzuschreibungen von Einfluss, die am Ende der Kette entweder tatsächlich Verhalten beeinflussen, oder indirekt, indem sie zunächst zu Gesetz und Norm werden (etwa Steuern für »ungesunde« Lebensmittel). Leitmedial verbreitete Ernährungsimperative können sich in politischen Mehrheiten für eine Zuckersteuer oder eine »Ampelkennzeichnung« auf Lebensmittelverpackungen niederschlagen oder in dem Beschluss von Ausstiegsprämien für die Tierhaltung.

Denkt man an politische Leitmedien, so lassen sich im Luhmann'schen Sinne durchaus Spuren von Machtausübung finden: Zwar geht es ihnen selten um Schönheitsideale, doch Ernährungsimperative spielen sehr wohl eine gewichtige Rolle – vor allem aufgrund der gestiegenen gesellschaftlichen Bedeutung umweltpolitischer Themen. Die Klima- und Umweltpolitik ist seit 2019 maßgeblich für die Industriepolitik der Europäischen Union, die im »Green Deal« festgeschrieben ist. Hier sind Quoten für den Biolebensmittelanbau genannt, Außenhandelsschutz gegen ökologisch weniger wertvolle Produkte, wie auch die Absicht, ein ökologisch transparentes Steuer- und Bepreisungsmodell für Lebensmittel zu realisieren (»True Cost Accounting«).

Welche Rolle spielen in diesem Diskursfeld – und überhaupt im Rahmen moderner Gesellschaften – die Leitmedien? Als Selbstverständnis der Leitmedien formuliert der Medienwissenschaftler Michael Meyen etwas provokativ, aber durchaus treffend: »Was nicht in den Leitmedien erscheint oder was dort nicht als legitim markiert wird, das existiert nicht.« Mich persönlich erinnert dieser Satz auf erschreckende Weise an eine Aussage, die ich als junger Redakteur der Frankfurter Allgemeinen Zeitung öfter von einigen wenigen »altgedienten« Redakteuren hörte – wohlgemerkt in einer digitalen Zeit, in der die Zeitungsauflage längst bröckelte. Er lautete: »Was nicht in der F.A.Z. gestanden hat, hat nicht stattgefunden.« Diese Anekdote soll unterstreichen, dass Leitmedienjournalistinnen und -journalisten gewiss ein stark ausgeprägtes *Leitmedienbewusstsein* verspüren. Sie bleiben auch in der fragmentierten digitalen Medienwelt immer noch die »Gatekeeper«, die über Relevanz eines Ereignisses, eines Zitates oder eines Themas entscheiden – und in einer fragmentierten Medienlandschaft womöglich mehr denn je. Unbestreitbar sind in den exzeptionell mächtigen Leitmedien seit Jahrzehnten und insbesondere in der vergangenen Dekade nach der Weltfinanzkrise 2008 umweltpolitische und damit verbundene ernährungspolitische Paradigmen immer stärker zum Ausdruck gekommen. Von einem allgemeinen ökologischen Krisenbefund herkommend, wurden hier neue ökologische Konsum-, Ess- und Verhaltensideale und Imperative verbreitet – etwa diejenigen einer vegetarischen oder veganen, regionalen und saisonalen Ernährungsweise. Anders als in den Medienwelten der Beauty-Influencer oder Lifestyle-Magazine wurden sie jedoch nicht mit Idealen von Schönheit und schon gar nicht Stärke verbunden: Es ging um ethisches oder moralisches Essverhalten – um persönliche Beiträge, den »Fußabdruck« der Spezies Mensch auf dem »verwundeten Planeten« zu verringern. Die ökologischen Leitmetaphern bestimmten zunehmend auch Ernährungsideale. Dem lagen letztlich umweltwissenschaftliche Gewissheiten zugrunde, wonach die »Tragfähigkeit« der Erde überschritten ist (»planetare Grenzen«), und der Mensch der industrialisierten Welt letztlich den Planeten »vergifte« (vgl. hierzu meine Dissertation über Vergiftungsmetaphern von 2018). So fand etwa die 2021 erschienene Studie des WWF über »Ernährung in planetaren Grenzen« auch Niederschlag in den Leitmedien.

Leitmedien haben starken Einfluss auf den Problemfokus der Politik. Das unterscheidet sie von allen anderen. Hinsichtlich des

»Kreislaufs der einflussreichen Kommunikation« im Systemgefüge Leitmedien–Politik–Naturwissenschaften–Nichtregierungsorganisationen lässt sich abermals feststellen: Einfluss hat in der modernen Gesellschaft, wem von Einflussreichen Einfluss zugeschrieben wird: So hat sich etwa die Durchsetzung »grüner« zentraler Politikvorhaben, wie die Energie-, Agrar- oder Bauwende, ereignet, ohne dass die Grünen jemals auch nur 15 Prozent der Wählerstimmen bei einer Bundestagswahl erhalten hätten.

In der Regel erfolgt die Zuschreibung von Einfluss im Falle der Medien über die Zuschreibung von *Qualität*. Über das Image eines Mediums als Qualitätsmedium ist es möglich, dass der »Kreislauf einflussreicher Kommunikation« im System der politischen Medien symbolisch über akzeptierte *Qualitätsmedienmarken* festgelegt ist. Die Macht der Süddeutschen Zeitung basiert nicht auf ihrer exzeptionell hohen Reichweite, sondern darauf, dass Entscheidungsträgerinnen und -träger an diese Macht glauben – und zwar letztlich deshalb, weil ihnen gemeinsame Qualitätsstandards als Orientierung gelten, die das Qualitätsselbstverständnis des politischen Systems nahezu untrennbar mit demjenigen solcher kerndemokratischen Medienmarken verbinden. Ein vielversprechender Weg, um Ernährungsimperative durchzusetzen, führt also über die Leitmedien wie ARD, ZDF, Spiegel, Süddeutsche, F.A.Z. oder Bild. Agrar- und Ernährungsorganisationen der Zivilgesellschaft wie Foodwatch oder WWF haben die an Leitmedien gerichtete Medienarbeit perfektioniert. Sie sind einander nahe im wissenschaftsorientierten Qualitätsstandard. Eine Möglichkeit, Aufmerksamkeit zu erhalten, liegt etwa darin, eine Studie in Auftrag zu geben und sie unter Berücksichtigung der Terminlage und Produktionszeiten der Tagesmedien zu einem günstigen Zeitpunkt und unter Einbezug politischer Prominenz und fotogen verkleideter Aktivistinnen zu veröffentlichen.

Bezogen auf dieses Phänomen – die Macht der Leitmedien als Orientierungsinstanz der Politik – sind durchaus gewichtige machtkritische Punkte zu benennen. Der gravierendste ist der Kritikpunkt der Medialisierung: Darunter ist die Tendenz zu verstehen, dass Regierungsstellen ihr Handeln selbst nach dem Nachrichtenwert ausrichten, den etwa eine Gesetzesinitiative für Leitmedien hat. Ministerien arbeiten im Grenzfall wie Redaktionen, ausgestattet mit einem Newsroom und permanentem Monitoring der relevanten Medienberichte. Die enge Beziehungsdynamik zwischen Politik und Leitmedien bemängelt auch Michael Meyen, der in der Medialisierung der Politik ein gravierendes Problem sieht, das letztlich zu Vertrauensverlusten in der Bevölkerung führt. Darin ist nicht Medienkritik zu sehen, sondern Politikkritik.

Vertrauensverlust in die Leitmedien und digitale Dynamiken

Wie auch die Grenzen von Nachricht, Kommentar und Unterhaltung, so verschwimmen die Grenzen der journalistischen Genres zunehmend. Während die Produkte dieser und jener Medienwelt einander so immer mehr ähneln, bleibt das besondere Qualitätsversprechen der Leitmedien wie in Stein gemeißelt – fast wie ein Dogma. Sie müssen Qualität letztlich nicht immer wieder beweisen, sondern tragen sie im Namen. Aber wenn einzelne »Qualitätsjournalisten« in sozialen Netzwerken gelegentlich wie Ritter der Demokratie mit Kritikerinnen und Kritikern ihrer Beiträge ins Gefecht gehen, sind sie schon in der Falle eines identitätspolitischen Selbstverständnisses des Qualitätsjournalismus. Dafür gibt es einerseits Beifall, andererseits reagieren Teile des Publikums mit Reaktanz; dies ist der Mechanismus der Polarisierung. Donald Trump erlangte in diesen Stürmen einen Wahlsieg. Nicht ohne Grund zielte sein »Programm« in erster Linie darauf ab, öffentlichen Krieg gegen die »Fake News« – also Leitmedien – zu führen. In historischer und gegenwärtiger Perspektive stellt Trump gleichwohl keine Ausnahme dar – dass Staatslenker ihre Macht instrumentalisieren, um Berichterstattungen zu ihren Gunsten zu beeinflussen, führt jüngst etwa die Kriegspropaganda in der Russischen Föderation vor Augen.

Polarisierung ist auch eine Folge des (strukturell bedingten) Abrückens von »alten« journalistischen Objektivitätsstandards, was beim Publikum einen Scherbenhaufen des Vertrauens hinterlässt. Der Stilwandel der Medien ist dafür ursächlich verantwortlich. Er wäre nicht zu verstehen, erstens, ohne die epochalen Veränderungen der Strukturen der klassischen Medienproduktion durch die neue digitale Konkurrenz; und zweitens, ohne den Wegbruch der alten Abonnement-Zahlmodelle sowie der Anzeigenmärkte. Auch die Rollenbilder von Medienschaffenden haben sich grundlegend gewandelt: Sahen sich Journalistinnen und Journalisten als Vermittler, Fragesteller und kritische Beobachter einer Welt, in der Expertinnen und Experten Entscheidungen treffen, so treten sie – wie auch die Influencer – zunehmend als Akteure auf. Dieses veränderte Rollenbild trägt zum Wandel der Öffentlichkeit in fragmentierte, mit dem Vertrauen kämpfende, teils übermoralisierte Teilöffentlichkeiten bei.

Angesichts der Realitäten des digitalen Tohuwabohus verschwimmt manche vermeintliche Gewissheit über »Medienmacht«. Dazu passt der empirische Befund, dass die Menschen den Medien, die sie stundenmäßig am meisten nutzen – also den sozialen, digitalen – am wenigsten vertrauen. Derweilen tauchen gerade junge Menschen in einen medialen Dauernebel ein, der – wenn vom Elternhaus unkontrolliert oder aufgrund technizistischer Bildungsideologien sogar unterstützt – schon im Kleinkindalter beginnen kann. Allein WhatsApp und andere Messangerdienste beschäftigen viele Menschen mehrere Stunden am Tag. Das Versenden von Fotos des Frühstücks, Abend- oder Mittagsessens, von Urlaubserlebnissen oder Fußballspektakeln bildet hier das feste Gerüst. Diesbezüglich ließe sich über Formulierungen nachdenken wie – frei nach Hannah Arendt – der »Macht des Banalen«. Es mag sein, dass sich auch in den Messangerdiensten Schönheits- und Hässlichkeitserzählungen ungewollt manifestieren – aber das war bei jeder Art von Tratsch nie anders.

Medienmacht gibt es nur über manipulierbare Menschen

Woran soll man sich also orientieren? Wer verdient Vertrauen? Parallel zum Medienwandel geht das Vertrauen in identitätsstiftende Institutionen wie Kirchen, Parteien und teils auch in die Wissenschaft zurück. Jeder Skandal trägt dazu bei – aber ist es nur das, vor allem das? Bezogen auf die Ernährung spricht Gunther Hirschfelder von einer zunehmenden »Consumer Confusion« und stellt fest, dass das persönliche Vertrauen in Personen jenes in Institutionen ersetzt – in den Medien wie auch in den Wissenschaften. Diese Tatsache spielt den Influencern in die Karten; ihr Geschäftsmodell ist doch »Komplexitätsreduktion durch Vertrauen«.

Welche gesellschaftlichen Gruppen sind überhaupt empfänglich dafür, ihr Verhalten an Vorbildern auszurichten? Gewiss viele junge Menschen, Heranwachsende. Die Suche nach medialen Vorbildern korreliert mit mangelndem Selbstwertgefühl, Unsicherheit. Deshalb gilt in der Ernährungs- und der ernährungsbezogenen Gesundheitskommunikation auch die Stärkung der *Selbstwirksamkeit* als die wichtigste Kompetenz. Darunter versteht die Gesundheitswissenschaft eine »biografisch erlernte Kompetenz« zum Erwerb von »Gesundheitsfähigkeit im Lebenslauf« – hierfür bedarf es vielerlei: der genetischen und körperlichen Voraussetzungen für Gesundheit, frühkindlicher Zuwendung und Liebeserfahrung, der Bindungsfähigkeit und der erlernten Fähigkeit Urvertrauen zu entwickeln – aber auch sozial-ökonomischer Sicherheit der Herkunftsfamilie, eines hohen Grades sozialer Integration und sogenannter »health literacy« (die gesundheitsbezogene Weiterbildungsfähigkeit). In der einschlägigen Literatur zur Gesundheitskommunikation ist die Rede von »salutogenen Fähigkeiten«.

Selbstwirksamkeit gilt als Bedingung für affektive Selbstkontrolle, auch auf die Ernährung bezogen. Gewiss ist diese Super-Kompetenz der Ernährung auch eng verbunden mit der Kompetenz der souveränen Mediennutzung, die also nicht auf Imperative und fragwürdige Vorbilder hereinfällt. Die Einflussmerkmale der Selbstwirksamkeit liegen jedoch deutlich auch in ökonomischen wie biografischen Aspekten begründet. Deshalb ist hier nicht in erster Linie ein Generationen-, sondern vielmehr ein Unterschichtenproblem zu attestieren. Ließe sich Unterschicht – jenseits der und zusätzlich zur ökonomischen Dimension – nicht geradezu als die Schicht mit struktureller Unfähigkeit zur Selbstwirksamkeit definieren?

Aufgrund dieser Zusammenhänge ist ein schlichtes Verweisen auf nötige »Medienbildung« und »Medienkompetenz« auch irreführend, denn viel zu kurz gegriffen. Es mangelt den Betroffenen in erster Linie nicht an Medienkompetenz, sondern an Selbstvertrauen und wahren Vorbildern, vor allem im Elternhaus, Familien- und Freundeskreis. Ist dieses Fundament vorhanden, kann Medienbildung darauf fruchten. Das Resümee, das daraus folgt, lautet: Es kommt nicht so sehr auf die Qualität der Medienberichterstattung an; die Macht medialer Imperative ist nur so groß, wie die Medienkompetenz gering.

Medienkompetenz und die Erfahrung der Selbstwirksamkeit

Auch der »Verfall der Öffentlichkeit«, der durch den digitalen Medienwandel in alter Tradition von Jürgen Habermas wieder zunehmend beklagt wird, muss nicht zu werbegesteuerter Fehlernährung oder einer irrigen Orientierung an unerreichbaren Schönheitsidealen führen: Orientierung verspricht die Besinnung auf ein »ökologisches« – zu diesem Begriff später –, auf ein humanistisches Menschenbild, das den Menschen als Beziehungswesen zu seinem emotional nahen Umfeld, aber auch zu seiner eigenen Biografie versteht.

Pointiert lautet die anthropologische Erkenntnis der Gehirnforschung: Menschen sind ihre Biografien. Ich bemühe gern das illustrative Beispiel vom Schneckenhaus. Diese Häuser tragen wir mit uns, sie sind Schutz und Rückzugsort, Kino und Traumwelt, aber wenn sie zerstört werden, müssen wir sterben – wie eine Weinbergschnecke. Leichte Risse lassen sich reparieren, sie tun dem Wachstum vielleicht sogar gut. Unsere Häuser sind *narrative Häuser*. Sie werden eben zusammengehalten von Erzählungen über uns selbst und solchen, die im allgemeinen Geschichtsbewusstsein verankert sind. Geschichtsbezogenheit ereignet sich im Erinnern und Erzählen.

Souveräne oder selbstwirksame Mediennutzung basiert letztlich auf einem intrinsischen Qualitätsverständnis: Diese Medienkompetenz zählt; sie ist in Zeiten fragmentierter und leicht verwirrender Medienvielfalt wichtiger als je zuvor.

Informationen über »Normen« richtiger und verkehrter Ernährung bringen zumeist keine Verhaltensänderung – so wenig, wie Informationen über gesundheitswissenschaftliche Erkenntnisse. Das zeigt auch die Narrationsforschung, die etwa die Gespräche von Selbsthilfegruppen Hochgewichtiger dokumentiert und untersucht. Hier offenbaren die Menschen nämlich umfassendes Wissen über das »eigentlich« gesunde Ess- und Verhaltensweisen – und sie erzählen sehr reflektiert von Gründen dafür, warum sie abends doch immer wieder fett essen oder zu viel Bier trinken. Stundenlanges, erschöpfendes Berufspendeln mit S-Bahnen oder dem Auto gehören laut den beiden »Untersuchungspersonen« einer aktuellen Feldstudie, die im Band von Jasmin Godemann erschienen ist, etwa dazu. Die Frage nach der Selbstwirksamkeit müsste auch hier lauen: Warum sind diese Personen offenbar außerstande, die belastende Pendel-Situation zu verändern? Sind es wirklich die scheinbar unabänderlichen Sachzwänge, die eine Veränderung unmöglich machen? Oder gibt es biografische, nicht erkannte Gründe – etwa eine affektive Solidarisierung mit einem geliebten Elternteil, das unter ähnlichen Umständen zu leiden hatte?

Dass Medienberichte kaum verhaltenslenkende Wirkung haben, ist ein altes und empirisch oft belegtes Faktum. Laut einer vielfach bemühten Medienwirkungspyramide beeinflusst Medienberichterstattung vor allem die Wahrnehmung der Menschen davon, was wichtig und unwichtig ist – worüber also gesprochen wird. In Zeiten der Corona-Pandemie hörten gewöhnliche Radiohörer:innen z.B. fast nichts mehr von der Innenpolitik südafrikanischer Staaten. In abnehmendem Maße führt Medienberichterstattung zur Wissensverbreitung, in geringem zu Einstellungs- und in noch geringerem Maße zu Verhaltensänderungen. Hier entscheidet die Kommunikation im persönlichen Umfeld, vor allem mit Eltern und Geschwistern.

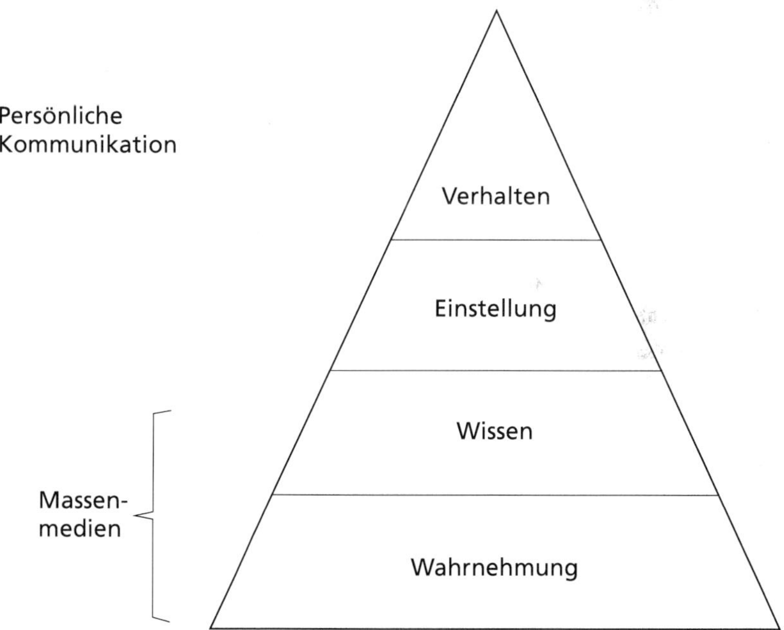

Abb. 2: Mediale und persönliche Kommunikation und Verhaltenswirkung (Quelle: Eigene Darstellung nach Lücke 2006, S. 43).

Fazit

Ernährungsimperative und damit verbundene Schönheitsideale festigen sich vor allem in digitalen Unterhaltungsmedien und deren Werbeumfeld, wobei den Beauty- und Fitness-Influencer:innen besondere Vorbildrollen zukommen können. Aber das Gegenteil der Norm ist von hohem Nachrichtenwert, weshalb auch mediale Gegenerzählungen entstehen. Pädagogische Absichten verfolgen diese Unterhaltungs- und Boulevardmedien nicht. Leitmedien besitzen besondere Relevanz, weil sie auf Gesetzgebungs- und damit Normenbildungsprozesse wirken.

Insgesamt ist die Frage nach einer »Macht der Medien« auf das Essverhalten nur uneindeutig zu beantworten. Die Macht der Medien ist schwächer, je stärker die Individuen der Gesellschaft sind. Das gilt ungeachtet dessen, dass die Floskel von der »Macht der Medien« gegenwärtig doch geradezu inflationär verwendet wird – und zwar gerade in den politisch randständigen, seltsam florierenden »Alternativmedien«. Womöglich handelt es sich bei der Klage über die »Macht der Medien« auch nicht zuletzt um Projektionen einer Erfahrung eigener Ohnmacht.

Der Aufsatz wollte schlussendlich auch auf die Psychodynamik der Mediennutzenden hinweisen, aber zunächst vor allem ein vertieftes Verständnis der Strukturen offenbaren, unter denen Medieninhalte entstehen. Traditionelle Verlage und junge Influencer unterliegen, wenn auch aus unterschiedlichen Gründen, gleichermaßen dem Sog der Likes. Konformismus mag zum Menschen gehören wie Ohren und Nase, aber die Dynamiken der digitalen Medienproduktion – Messbarkeit von Zugriffen, Zustimmung oder Verweildauer – haben diese schlechte Neigung potenziert. Die digitalen Aufmerksamkeitsdynamiken verstärken die Tendenz zum Konformismus – oder zu seinem kleinen Bruder, dem Kontraformismus, die beide mit dem Zeitalter der Vernetzung einhergehen. Es mangelt an Erfahrungswerten, vor allem an der Erfahrung des Austausches; daraus ergibt sich die Notwendigkeit von Gegentrends: Persönliche Beratung und Therapie sind Qualitätsinseln in der Flut von Beratungs-Apps und banalisierender Gaming-Ansätze. Aufgrund wachsender Frustration über die dünnen Online-Nachrichten erfreuen sich auch Medien wieder zunehmender Beliebtheit, die eigentlich abgeschrieben schienen: Sie inszenieren sich als Inseln der Klugheit, und werden diesem Anspruch auch oft gerecht. Dazu zählen die Dokumentationen auf Arte, die Morgennachrichten im Deutschlandfunk, die Wissenschaftsseiten der »Zeit«, die morgendliche Auslandsberichterstattung der Frankfurter Allgemeinen Zeitung oder tausende neue Sachbücher, die jedes Jahr erscheinen. In der Mitte der Medienwelt bleibt Raum für kluge Inhalte, für ruhige Dokumentation und für sachliche Informationen. Es gibt sie auf allen Kanälen, den alten und den neuen, und kein Kanal hat ein Abonnement auf »Qualität« im Sinne von Klugheit. Als Nutzer muss man sie nur finden können; dann rückverwandelt sich der User zum Leser.

Literatur

Grossarth, Jan (2018): Die Vergiftung der Erde. Metaphern und Symbole agrarpolitischer Diskurse seit Beginn der Industrialisierung. Frankfurt a. M.: Campus

Grossarth, Jan (2021): Seriöse Ernährungskommunikation im digitalen Medienzeitalter. In: Ernährung im Fokus, 1, S. 36–42

Hirschfelder, Gunther (2019): Körperbilder – Körperstyling – Körpernöte. Leiblichkeit unter Digitalisierungsdruck. In: Trummer, Manuel et al. (Hrsg.), »Ein Stück weit ...«. Relatives und Relationales als Erkenntnisrahmen für Kulturanalysen. Eine Festgabe der Regensburger Vergleichenden Kulturwissenschaft für Prof. Dr. Daniel Drascek zum 60. Geburtstag, Regensburger Schriften zur Volkskunde/Vergleichenden Kulturwissenschaft, Bd. 39. Waxmann: Münster u. a., S. 167–183

Hirschfelder, Gunther; Pollmer, Patrick (2021): Das Wissen vom »guten« Essen – Ernährungskommunikation als historisches Paradigma. In: Jasmin Godeman; Tina Bartelmeß. (Hrsg.), Ernährungskommunikation. Wiesbaden: Springer, S. 1–13

Luhmann, Niklas (2013): Macht im System. Berlin: Suhrkamp
Meyen, Michael (2020): Die Leitmedien als Problem. Warum der Gegendiskurs dem Journalismus helfen könnte. In: Journalistik. Zeitschrift für Journalismusforschung, 3, S. 262–273

Ernährung im 21. Jahrhundert im Spannungsfeld von Region und Globalisierung

Markus Schermer

Wer – oder anders ausgedrückt: was – bestimmt, was wir essen? Die Suche nach Antworten auf die Titelfrage des vorliegenden Bandes führt zunächst zu den regionalen Rahmenbedingungen für die Lebensmittelproduktion, aus denen unsere Essgewohnheiten ursprünglich hervorgingen. Eine zentrale Rolle kommt hierbei pflanzlichen Grundnahrungsmitteln zu, deren Anbau von Geografie und Klima bestimmt wurde. Besonders abhängig war die Grundversorgung von jenen Pflanzen, die Kohlehydrate in Form von Getreide und Knollenfrüchten bereitstellten und Tierfutter lieferten. In den daraus resultierenden Speiseplänen spiegelt sich die enorme Anpassungsfähigkeit des Menschen wider: Rund um das Mittelmeer und im vorderasiatischen Raum herrscht etwa für Getreide, das warme und trockene Sommer benötigt, das geeignetste Klima. So gelangen hauptsächlich getreidebasierte Speisen wie Brot, Nudeln, Couscous oder Pizza auf die Teller der dort ansässigen Menschen. Im Norden Europas ebenso wie in den Gebirgsregionen dominiert wiederum das Dauergrünland, das über die mehrhöhligen Mägen von Rentieren oder Rindern, Schafen und Ziegen in Milch und Fleisch für die menschliche Ernährung umgewandelt werden kann. Solche einseitigen klimatischen Voraussetzungen haben seit jeher Anlass geboten, sich mit den Nachbarregionen auszutauschen, um den Speisezettel vielfältiger zu gestalten. Für diesen Austausch wie auch für die Versorgung über den langen Winter stellte die Haltbarmachung eine wesentliche Voraussetzung dar: Getreide und Hülsenfrüchte blieben bei trockener Lagerung lange genießbar, für Milch und Fleisch war hingegen die Entwicklung eines komplizierteren Verarbeitungsprozesses zu Butter und Käse bzw. Wurst und Speck erforderlich.

Frühe Globalisierung

Während also das Klima die ursprüngliche Grundlage für Ernährungsgewohnheiten bildete, wirkten Handelsbeziehungen als Triebkräfte für den Wandel der Speisepläne: Bereits mit der Etablierung früher Herrschaftszentren, wie z. B. dem Römischen Reich, wurden Spezialitäten aus allen Teilen des Herrschaftsgebietes in die Hauptstadt gebracht. Wie weit das Versorgungsnetz aufgespannt war, ist der folgenden Abbildung zu entnehmen. Wenn auf der Karte die Herkunft der Gewürze mit Ägypten und dem Nahen Osten angegeben ist, so lässt dies weniger darauf schließen, dass in diesen Regionen die Gewürze produziert wurden, sondern zeigt eher auf, dass dort die Umschlagplätze für den Fernhandel lagen. Dieser war zunächst auf besonders hochpreisige Produkte für die Oberschicht beschränkt und so lukrativ, dass »Pfeffersack« zum Synonym für einen Reichen wurde. Um das Handelsmonopol der Araber zu umgehen und direkt nach Indien zu gelangen, nahmen später die portugiesischen Seefahrer lange und beschwerliche Reisen um den afrikanischen Kontinent auf sich, die zwar enorme Ressourcen an Menschen und Material verschlangen, aber dennoch profitabel waren. Schließlich führten diese Preisrelationen dazu, dass der Seefahrer Christoph Kolumbus im Auftrag der spanischen Krone den Atlantik überquerte und der Handel mit der »Neuen Welt« begann. Dieser brachte neue Nahrungs- und Genussmittel nach Europa, die den Speiseplan tiefgreifend verändern sollten.

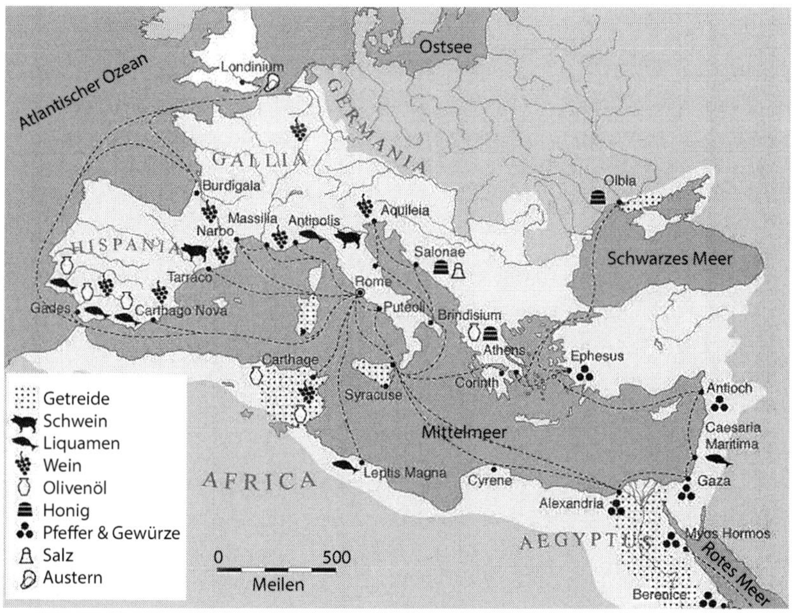

Abb. 1: Antike Globalisierung (nach Carolyn Steel, *Hungry City*).

Auf diesem Weg gelangten neben Mais- und Kartoffelpflanzen auch Kürbis, Bohne, Tomate und Paprika nach Europa – jedoch setzten sich die essbaren Errungenschaften nur langsam auf dem Speiseplan durch. Erst im 18. und 19. Jahrhundert verbreiteten sich Mais und Kartoffeln im Zuge wiederkehrender Hungerkrisen und obrigkeitlicher Förderung insbesondere unter der ärmeren Bevölkerung als Grundnahrungsmittel.

Globale Märkte und Ernährungsstile

Überdies veränderten technische Innovationen und die damit einhergehende Verbilligung des Transports den Handel grundlegend: Der zunächst mit Zugtieren und Segelschiffen betriebene Transport wurde im Laufe der Industrialisierung des 19. Jahrhunderts durch dampfbetriebene Lokomotiven und Hochseeschiffe ergänzt und später durch den Massentransport auf der Straße, den Weltmeeren und in der Luft abgelöst; somit war die Basis für die Entstehung globaler Märkte geschaffen. Getreide und – nach Entwicklung der Kühltechnik – auch Gefrierfleisch gelangten aus den klimatisch gemäßigten Siedlerkolonien Nord- und Südamerikas, Ozeaniens und Zentralasiens mittels Dampfeisenbahn und -schiff nach Europa. Aus den Plantagenwirtschaften der Kolonien bahnten sich auch Zucker, Kaffee, Tabak, Reis, Kakao, Gewürze und Tee ihren Weg nach Europa, wo sie in Kolonialwarenläden angeboten wurden. Mit der Verbesserung der Kühltechnologie kamen auch verderbliche »Südfrüchte« wie Bananen hinzu.

Vor allem seit dem Zweiten Weltkrieg importierte der globale Norden nicht nur Lebensmittel aus den Kolonien und neuen unabhängigen Staaten des globalen Südens, sondern exportierte zunehmend auch dorthin: Im Zuge des technischen Fortschritts, vornehmlich durch den Einsatz von Agrarchemie für Düngung und Pflanzenschutz, erzeugten zunächst die USA und später auch Europa rasch Überschüsse. Insbesondere die USA bemühten sich nicht, ihre Agrarüberschüsse abzubauen, sondern exportierten sie in Staaten des globalen Südens, die der westlichen Hemisphäre zugerechnet sind. Nahrung diente angesichts der Entkolonialisierung und des Kalten Krieges als Waffe gegen das Vordringen des Weltkommunismus. Auch die »Grüne Revolution« wurde als Gegengift zur »roten« kommunistischen Revolution verstanden: Mit ihr kam westliche Hochleistungstechnologie in die Entwicklungsländer – und damit verbunden die Abhängigkeit von Expertenwissen und Bankkrediten. Durch den Einsatz von Agrarchemie, Mechanisierung und Hochleitungssorten, die weder an die ökologischen noch an die sozialen Verhältnisse angepasst waren, wurden Herrschaftsverhältnisse stabilisiert und Kapitalinteressen befriedigt; gleichzeitig resultierte hieraus die Verschuldung der ländlichen Bevölkerung. Die dadurch erzeugte neokoloniale Abhängigkeit untergrub die Selbstversorgung und forcierte gemeinsam mit der Nahrungshilfe zu billigen Preisen die Transformation der bäuerlichen Landwirtschaft: Sie wandelte sich von einer primär auf Subsistenz- und Binnenmarkt ausgerichteten Wirtschaftsweise zur Weltmarktproduktion von sogenannten »Cash Crops«, die nicht mehr der lokalen Ernährung dienten, sondern vorrangig für den Markt erzeugt wurden. Zugleich veränderte sich auch die Ernährungsweise in den Ländern des globalen Südens von regional angepassten Ernährungsstilen zu Konsumgewohnheiten nach westlichem Standard.

Während die USA überschüssiges Getreide vor allem als Nahrungsmittelhilfe in den globalen Süden lenkten, exportierten sie Mais- und Sojabohnen als Futtermittel nach Westeuropa und Japan, um den dort wachsenden Fleischkonsum zu decken. Erst später übernahmen einige Staaten Lateinamerikas die Rolle der Futtermittellieferanten durch Soja-Anbau. Besondere Bedeutung kam hierbei einer neuen gentechnologischen Entwicklung zu: der Kombination von einem Totalherbizid mit einer dagegen resistenten Sojabohnensorte.

Aus dieser Innovation resultierte ein niedrigpreisiges Angebot von Eiweißfutter, das in Europa die industrielle Massentierhaltung, insbesondere Geflügel- und Schweinemast, entstehen ließ. Fleisch wurde infolge des Wirtschaftswachstums für die kaufkräftige und am *American Way of Life* orientierte Konsumgesellschaft in Europa zum billigen Lockartikel und führte zu einem grundlegenden Wandel der Ernährungsstile: Basierten diese bisher auf Getreide und Kartoffel mit Huhn und Schnitzel bestenfalls am Sonntag, wurden sie ab den 1950er-Jahren zunehmend fleisch- und zuckerreicher; der westliche Speisezettel signalisierte »weiße«, »mittelständische« und »männliche« Kost als Attribute des gesellschaftlichen Aufstiegs. Darüber hinaus nahm mit dem Wandel der Arbeitswelt der Außer-Haus-Verzehr zu und Fast-Food-Ketten etablierten sich. Auch am häuslichen Familientisch veränderte sich der Speiseplan: Vermehrt landeten vorgefertigte Convenience-Produkte auf den Tellern und die Tiefkühlpizza trat ihren Siegeszug an.

Längst haben also globale Handelsbeziehungen den Speiseplan geprägt und zunehmend homogenisiert. Auch ist die Affinität zu globalen und exotischen Speisen durch den Massentourismus und mediale Vorlagen gestiegen – obgleich die Verbreitung von Döner, Asia-Food oder Tex-Mex-Style kaum in Zusammenhang mit einer zunehmenden Akzeptanz gegenüber Migrationsbewegungen steht.

Effekte der globalen Verflechtung

Zusammenfassend lässt sich resümieren, dass die Globalisierung der Speisekammer den Konsument:innen eine wesentlich größere Vielfalt von ganzjährig verfügbaren, billigen Lebensmitteln sowie zeitsparenden, hochverarbeiteten Convenience-Produkten und Zustelldiensten beschert – allerdings sind diese Errungenschaften mit Nachteilen teuer erkauft. Im Folgenden werden einige davon beleuchtet.

Mangelnde Nachvollziehbarkeit von Herkunft und Herstellungsweise

Neben neuen Transporttechnologien wurde der Warenaustausch durch Innovationen in der Lebensmitteltechnologie unterstützt: Konservierungstechniken und Zusatzstoffe (Stabilisatoren, Antioxidantien, Emulgatoren oder Säureregulatoren) ermöglichten den Austausch verderblicher Waren auch über längere Distanzen und Zeiträume. Die Produktion und Verarbeitung von Nahrungsmitteln durchlaufen zahlreiche Fertigungsschritte; einzelne Bestandteile werden im Rahmen globaler Wertschöpfungsketten aus unterschiedlichen Regionen herangezogen, wodurch die räumliche Herkunft verloren geht und die Nachvollziehbarkeit der Produkte erschwert wird. Bevorzugt kommen in der verarbeitenden Lebensmittelindustrie standardisierte Massenwaren (commodities) zum Einsatz, die mit homogener Qualität aus globalisierten Wertschöpfungsketten auf Börsen gehandelt werden, ohne jemals eine Sichtung oder Prüfung durch die Käufer:innen zu durchlaufen. Neben der räumlichen Entbettung der Nahrung ermöglicht die Transporttechnologie auch die Abkehr von Saisonalität – Erdbeeren zu Weihnachten sind längst zur Gewohnheit geworden.

Die Qualität hochverarbeiteter und verpackter Produkte lässt sich kaum sensorisch oder optisch beurteilen. Konsumierende verlieren zunehmend die Kontrolle darüber, was sie sich einverleiben, und müssen sich folglich auf Zertifizierungen, Angaben im Kleingedruckten auf Verpackungen und staatliche Labels verlassen, um nachvollziehen zu können, woher die jeweiligen Produkte stammen und wie diese produziert wurden. Da hinsichtlich der Qualität der Lebensmittel verschiedene Kriterien angelegt werden (z. B. biologisch regional, gentechnikfrei, tiergerecht erzeugt, ohne chemische Zusätze verarbeitet, fair gehandelt), entsteht ein kaum unüberblickbarer Dschungel aus Labels, Gütezeichen und Marken.

Überdies trägt der steigende Anteil des Außer-Haus-Konsums dazu bei, dass die Transparenz hinsichtlich der Produktion, Verarbeitung und Zubereitung von Nahrung schwindet – man denke an zentrale Großküchen, die gleich mehrere Krankenhäuser, Seniorenheime, Kindergärten oder Schulen mit Essen beliefern. In Österreich machte etwa der Out-of-Home-Konsum 2018 rund 34 Prozent der gesamten Konsumausgaben für Ernährung aus; zehn Jahre davor waren es noch 29 Prozent.

Auch die Gastronomie ist dem Einfluss der Globalisierung unterworfen: Global agierende Unternehmen und Fast-Food-Ketten vertreiben weltweit ähnliche Produkte unter vereinheitlichten Herstellungsbedingungen mit möglichst standardisierter Qualität und tragen so zu einer Homogenisierung von Ernährungskulturen bei. Leicht kommunizierbare kulinarische Muster, wie etwa Pizza, Hamburger oder asiatische Wok-Gerichte, werden beliebig mit Elementen von »Ethnoküchen« kombiniert. Das gastronomische Dienstleistungsangebot entwickelt sich auch zu einem Zulieferungssektor für Arbeit und Freizeit – billig, rasch und effizient soll die Nahrungsaufnahme überall erfolgen können.

Gemeinsam mit der gestiegenen Mobilität von Waren und Menschen erhöht die Komplexität neuer Technologien die Unberechenbarkeit und Unbeherrschbarkeit von Risiken: Komplexe Eingriffe in die Natur, wie die Veränderung von Erbgut oder der Einsatz von chemischen und pharmazeutischen Erzeugnissen, sind in ihren möglichen Konsequenzen schwer zu prognostizieren und gehen oftmals mit gravierenden Folgen einher: Die Risiken der schnellen Ausbreitung eines Krankheitserregers sind aufgrund der Globalisierung im Vergleich zu früheren Zeiten deutlich gewachsen – jüngst ist uns dies durch die COVID-19-Pandemie vor Augen geführt worden. Dasselbe gilt auch für Lebensmittel: An der Herstellung der meisten handelsüblichen Produkte ist heute ein oft über weite Distanzen vernetztes und schwer zu überblickendes Geflecht von zahlreichen Betrieben beteiligt, wodurch die Nachvollziehbarkeit von »Fehlern« im Produktionssystem erschwert wird.

Verringerung der Agrobiodiversität

In den Supermärkten der Welt sind Gänge und Kühlregale voller Lebensmittel unterschiedlicher Hersteller und Marken. Den Konsument:innen wird die Illusion von Vielfalt und Wahlmöglichkeiten vorgegaukelt – doch die Fülle täuscht: Die agroindustrielle Landwirtschaft der letzten Jahrzehnte führte mit Hochleistungszüchtung zu globalen, standardisierten Nahrungssystemen, was eine drastische Verringerung der einst reichen Vielfalt nach sich zog. Heute liefern nur drei Pflanzenarten (Reis, Mais und Weizen) die Hälfte aller pflanzlichen Nahrungskalorien. Jedoch stellt Agrobiodiversität ein wesentliches Fundament der Ernährungssicherheit dar: Der Anbau und die Zucht von verschiedenen Pflanzenarten, -sorten und Tierrassen mindern die Risiken durch Klimaextreme, Schädlingsbefall oder Krankheiten.

Die Änderung der Landnutzung durch das Vordringen der industriellen Landwirtschaft ist der größte Treiber für den Artenverlust; Monokulturen und Massentierhaltung gehen dabei Hand in Hand. 33 Prozent der weltweiten Ackerfläche werden zur Futtermittelproduktion (z. B. Mais, Soja) verwendet. Monokulturen und industrielle Nutztierhaltung verdrängen dabei oft Wälder oder ehemals vielfältige kleinbäuerliche Agrarlandschaften. Während die Viehwirtschaft 77 Prozent der derzeitigen landwirtschaftlichen Nutzfläche benötigt, liefert sie nur etwa 17 Prozent der weltweiten Nahrungskalorien. Vor allem seit der Finanzkrise von 2008/2009 wird Land zunehmend von einer Ressource für die Produktion von Lebensmitteln zu einem Investitionsobjekt. Dies führt vor allem im globalen Süden zum Kauf großer Flächen (»land grabbing«) durch internationale Konzerne und lokale Eliten, die bisher traditionell von lokalen Gemeinschaften extensiv genutzt wurden. Meist wird dies als Erhöhung der Effizienz in der Flächennutzung von den jeweiligen Regierungen sogar unterstützt, die sich dadurch Investitionen in die Infrastruktur erhoffen. Neben einem rasanten Rückgang von artenreichen land- und forstwirtschaftlichen Flächen für lokale Gemeinschaften verringert sich durch den Besitzwechsel auch die Basis für die lokale Versorgung, zumal Großbetriebe kaum Produkte für den lokalen Markt anbauen.

Im Zuge der Modernisierung der Landwirtschaft wurden lokale Pflanzensorten und Nutztierrassen durch kommerzielle Hochleistungssorten und -rassen ersetzt. Mit der »Grünen Revolution« der 1950er-Jahre gelangten diese Sorten im Paket mit Kunstdünger und synthetischen Pflanzenschutzmitteln in die Länder des globalen Südens. Wenige transnationale Konzerne haben heute die Produktion und Verteilung in den Händen und monopolisieren die Verwendung durch Patentierung. Bereits 1990 kamen diese Hochleistungssorten bspw. auf der Hälfte aller Weizen- und mehr als 50 Prozent aller Reisanbauflächen zum Einsatz.

Um Rahmenbedingungen zugunsten von Agrobiodiversität zu schaffen, muss zunächst die Bedeutung der kleinbäuerlichen Landwirtschaft, die immer noch 70 Prozent der Lebensmittel erzeugt, für die Erhaltung der globalen Agrobiodiversität anerkannt werden – das bedeutet auch, dass der Tausch und Handel mit lokalem, selbsterzeugtem und -vermehrtem Saatgut nicht weiter gesetzlich beschränkt wird. Vielmehr sollte die Erhaltung alter Sorten nicht nur durch Genbanken sichergestellt, sondern in bäuerlichen Betrieben gefördert werden; denn kleinbäuerliche Landwirtschaft bietet einen Nährboden für vielfältige Kulturlandschaften mit einer diversifizierten Anbauweise und Nischen für Wildtiere und -pflanzen.

Ausgebeutete Arbeiter:innen in Produktion und Verarbeitung

Insbesondere die Obst- und Gemüseproduktion ist trotz aller Mechanisierung vom Einsatz menschlicher Arbeitskräfte abhängig, die aufgrund des enormen Preisdrucks der Vermarktungsketten häufig aus Billiglohnländern herangezogen werden. Jüngst hat die COVID-19-Pandemie verdeutlicht, wie abhängig der globale Norden von den primär aus Osteuropa und den Balkanländern stammenden Erntearbeiter:innen ist, wenn der Spargel im Frühjahr rechtzeitig zum Verzehr bereitstehen soll. Nicht nur der Lohn, auch die prekären Arbeitsbedingungen, die Arbeitsverträge, die Unterbringung und der Umgang mit den Beschäftigten geraten immer wieder in das Zentrum der Kritik.

In den Orangenplantagen Italiens arbeiten vor allem Menschen, die in der Hoffnung auf ein freies Leben in Europa über das Mittelmeer geflüchtet sind (Reckinger 2018). Während ihrer Asylverfahren stellen die nahen Plantagen für die Geflüchteten oft die einzige Quelle zum Gelderwerb dar: Hier arbeiten sie zu Hungerlöhnen, leben unter unwürdigen Bedingungen und ohne gesundheitliche Versorgung in Slums. Es müssen mehrere Faktoren – wie der Preisdruck der Handelsketten, mafiöse Strukturen in den Anbaugebieten oder die europäische Migrations- bzw. Flüchtlingspolitik – zusammenwirken, dass die Menschen des globalen Nordens im Supermarkt Orangen zu niedrigen Preisen kaufen können. Abgelehnte Geflüchtete werden kaum sofort abgeschoben, sondern stecken ohne Papiere, Visum und finanzielle Mittel in der »Festung Europa« fest. Da die Geflüchteten illegal beschäftigt werden, sind auf dem Papier häufig lokale Arbeitskräfte eingetragen, welche die Sozialleistungen erhalten.

Auch in deutschen Schlachterei- und Fleischverarbeitungsbetrieben arbeiten vorwiegend Menschen aus Osteuropa, deren prekäre Lebens- und Arbeitsbedingungen im Zuge der Corona-Pandemie in die Schlagzeilen gerieten. Die deutsche Fleischindustrie hat einen anhaltenden Expansions- und Konzentrationsprozess hinter sich, der die Entstehung eines Konglomerats von Subunternehmen, Wohnungsgebern und Rekrutierungsagenturen nach sich zog und die Transparenz hinsichtlich der Verantwortung von Arbeitsverhältnissen schwinden ließ. Folglich liegen die Arbeitszeiten der Beschäftigten meist weit jenseits der Bestimmungen des Arbeitszeitgesetzes; durch mangelnde Einweisung und ein hohes Arbeitstempo steigt überdies die Zahl der Arbeitsunfälle. Nicht selten werden die Arbeiter:innen in Baracken oder auf Campingplätzen, die von Subunternehmen verwaltet werden, zu überhöhten, teils vom Lohn abgezogenen Kosten untergebracht.

Wege zu nachhaltigen Lebensmittelsystemen

Eine ganzheitliche Perspektive auf die Lebensmittelversorgung erfordert ökologische, soziale und ökonomische Aspekte gemeinsam zu berücksichtigen. Bestrebungen, auf eine nachhaltigere Lebensmittelproduktion und Ernährung hinzuwirken, bedingen daher eine Vielzahl von Interessenabwägungen und Zielkonflikten, wodurch sie unweigerlich zu politischen Prozessen werden. Häufig werden als Richtlinien für einen nachhaltigen Konsum von Lebensmitteln die Schlagworte *regional*, *saisonal* und *biologisch* genannt. Manchmal kommt noch das Kriterium der *Fairness* dazu.

Regionalisierung und Ökologisierung

Die Globalisierung hat dazu beigetragen, dass vormalige Luxusprodukte wie Fleisch, Südfrüchte, Kaffee, Lachs oder Schokolade für die Mehrheit der Bevölkerung in der industrialisierten Welt erschwinglich wurden. Vor allem in den Ländern des globalen Nordens ist der Anteil der Haushaltsausgaben für Lebensmittel in den letzten Jahrzehnten kontinuierlich gefallen: Noch in den 1970er-Jahren gab der durchschnittliche Haushalt in Mitteleuropa rund ein Viertel seines Einkommens für Lebensmittel aus, gegenwärtig ist es nur etwa ein Zehntel. Im weltweiten Vergleich divergieren die Anteile der Lebensmittelausgaben am Haushaltsbudget stark; so liegen diese in den USA bei sieben Prozent und in Ländern südlich der Sahara bei über 40 Prozent.

Die Versorgung mit regionalen Qualitätsprodukten hingegen scheint in Nordamerika und weiten Teilen Europas bis dato eher ein Privileg der besserverdienenden und höher gebildeten Schichten: Nicht selten sind die Mitglieder von Lebensmittelkooperativen oder der solidarischen Landwirtschaft Besserverdiener:innen und (angehende) Akademiker:innen; Personen mit Migrationshintergrund und sozial benachteiligten Menschen bleibt der Zugang zu Qualitätsprodukten aus der Region oftmals versperrt. Regionale Ernährung kann somit auch als Privileg eines exklusiven Clubs der weißen Mittelklasse (DuPuis und Goodman 2005) erachtetet werden, die sich durch den Kauf höherpreisiger Produkte von anderen Gesellschaftsschichten abgrenzt.

Darüber hinaus wird »Regionalität« unterschiedlich interpretiert: Während die einen den Begriff »regional« eng auf die nähere Umgebung oder den Landkreis/Kanton/Bezirk festlegen, bestimmen ihn andere mit den Grenzen des Bundeslandes oder des Nationalstaates. Viele assoziieren mit »Regionalität« aber auch eine kurze Wertschöpfungskette, direkte Interaktion mit Produzent:innen, Wissen über die Herkunft der Lebensmittel, bessere Qualität oder höhere soziale und ökologische Produktionsstandards.

Generell kann zwischen *globalisierten* Lebensmitteln ohne definierte Herkunft (Lebensmittel von nirgendwo), *regionalisierten* Lebensmitteln mit bekannter Herkunft, die nicht zwingend am Ort der Produktion verzehrt werden (Lebensmittel von anderswo), und *regionalen*, am Ort der Produktion konsumierten Lebensmitteln (Lebensmittel von hier) unterschieden werden.

Die Motivation zur Re-Lokalisierung ist auf der Produktionsseite jedoch anders gelagert als auf der Konsumseite: Bäuerliche Familienbetriebe erhoffen sich eine bessere Position in globalisierten Märkten, da durch den Ausschluss des Zwischenhandels mehr Gewinn beim Betrieb bleibt. Zudem sind direkte Beziehungen zwischen Produzent:innen und Konsument:innen stärker durch Vertrauen und Loyalität denn durch reine Preisüberlegungen gekennzeichnet. Veränderte Qualitätsansprüche führen dazu, dass Konsument:innen mehr Informationen über die Geschichte hinter dem Produkt und die verantwortlichen Produzent:innen erhalten möchten; tendenziell wird daher den Produktionsprozessen von lokalen Produkten ein höheres Maß an Vertrauen entgegengebracht als den Kontroll- und Expertensystemen, die hinter globalisierten und regionalisierten Lebensmitteln stehen. Dazu gehören neben handelsbasierten Standards wie *GlobalGAP* auch Labels der EU wie »geschützter Ursprung«, »geschützte geografische Angabe« oder »garantierte traditionelle Spezialität«.

Die verunsicherten Konsument:innen sind bereit, für regionale Lebensmittel, mit denen sie Sicherheit, gehobene ökologische und soziale Produktionsstandards, Frische, Natürlichkeit und kurze Lieferwege assoziieren, einen höheren Preis zu zahlen. Wenn sich Regionalität und Saisonalität paaren, verfügen Obst und Gemüse aus der Region über Qualitätsmerkmale, die sonst durch frühzeitige Ernte oder lange Transportwege bzw. Glashauskultur verloren gehen. Aber auch das Bewusstsein, dass bestimmte regionale Lebensmittel nur saisonal verfügbar sind, wird kultiviert: Wer fast das ganze Jahr auf süße Erdbeeren, frischen Spargel oder saftige Aprikosen wartet, weiß ihren Genuss besonders zu schätzen.

In Reaktion auf die Globalisierung der Lebensmittelversorgung und aus dem Wunsch nach überschaubareren Strukturen versuchen Aktivist:innen, einzelne Betriebe und regionsübergreifende Initiativen, die Lebensmittelversorgung »wieder« stärker in regionale Sozialstrukturen einzubetten. Neben der Wiederbelebung von Wochenmärkten oder Bauernläden verbreiten sich auch alternative Formen regionaler Lebensmittelversorgung, wie etwa »Biokisten«, Formen der solidarischen Landwirtschaft oder Lebensmittelkooperativen. Auch globale Initiativen, wie die *Slow-Food*-Bewegung oder *La Via Campensina*, tragen zur Bewusstseinsentwicklung bei und stärken kurze qualitätsorientierte Warenketten in den Regionen.

Die Regionalisierung des Lebensmittelsystems wird häufig mit einer ökologischen Produktionsweise verbunden, die negativen Entwicklungen entgegentreten soll. Großflächiger Anbau, industrielle Verarbeitung und die Distribution von Ökoprodukten über konventionelle, global agierende Großhändler:innen und Supermarktketten haben zu einer Konventionalisierung des Ökolandbaus geführt, sodass die Grenzen zur konventionellen Landwirtschaft zunehmend verschwimmen. Ein Gegenkonzept stellt hierbei die Förderung kleinbäuerlicher Betriebsstrukturen mit ökologischer Produktionsweise und lokaler Vermarktung dar.

Abb. 2: Beaufort, ein Käse aus geschützter regionaler Herkunft (Foto: Rike Stotten).

Fairness und Mitbestimmung

Während also Re-lokalisierung die Nachvollziehbarkeit der Lebensmittelherkunft fördert und die biologische Wirtschaftsweise eine Gegenstrategie zu den ökologischen Nachteilen der Globalisierung bietet, ist *Fair Trade* eines der bekanntesten Beispiele, um prekären sozialen Verhältnissen im Handel entgegenzuwirken. Allerdings lassen sich hier ähnliche Entwicklungen zu einer Konventionalisierung wie beim biologischen Landbau konstatieren: Waren es zunächst nachvollziehbare und teilweise sogar direkte Beziehungen zu kleinbäuerlichen Genossenschaften, die mit dem Fair-Trade-Label ausgezeichnet wurden, so hat die Mengensteigerung etwa bei Kaffee oder Bananen dazu geführt, dass auch Plantagenwirtschaften zertifiziert werden – jedoch verändert das Label trotz der Verbesserung der Arbeitsverhältnisse kaum etwas an den globalen Strukturen. Zudem steht *Fair Trade* nicht automatisch in Zusammenhang mit Bioproduktion: Für Kleinbauern stellt es folglich eine hohe Hürde dar, sich doppelt zertifizieren zu lassen und hierdurch überhaupt einen Marktzugang zu erlangen. Ein weiterer Kritikpunkt besteht darin, dass die Standards meist von Akteur:innen im globalen Norden entwickelt werden, weshalb bestehende Machtasymmetrien unangefochten bleiben.

Ursprünglich war das Fair-Trade-Konzept auf den Handel von Produkten aus Ländern des globalen Südens ausgelegt; in den letzten Jahren wurde es aber vermehrt auch auf Beziehungen zwischen Produzent:innen und Konsument:innen in Europa angewandt und in Marketingkonzepte des Lebensmittelhandels einbezogen. Um faire Verhältnisse jenseits der Vermarktungsinteressen herzustellen, spielt das Konzept der Ernährungssouveränität als gesellschaftliches Selbstbestimmungsrecht über die Art des Ernährungssystems eine wichtige Rolle.

Dass die Ausgestaltung unseres Ernährungssystems ein zutiefst politischer Akt ist, wird auch durch die Definition des Begriffs der »Ernährungssouveränität« durch den Weltagrarbericht verdeutlicht:

> »Ernährungssouveränität ist das Recht von Menschen und souveränen Staaten auf demokratische Weise ihre eigene Agrar- und Ernährungspolitik zu bestimmen.«

Somit ist die »Ernährungssouveränität« wesentlich umfassender als die »Ernährungssicherheit«. Letztere wurde vom Welternährungsgipfel als Versorgungszustand definiert, bei dem »alle Menschen jederzeit physischen und wirtschaftlichen Zugang zu ausreichender, sicherer und nahrhafter Ernährung haben, die ihre Bedürfnisse und Vorlieben befriedigt und ihnen ein aktives und gesundes Leben ermöglicht.« Das Menschenrecht auf Nahrung, welches in der UN-Sozialcharta aus dem Jahr 1966 verankert wurde, ist definiert als »grundlegendes Recht eines jeden, vor Hunger geschützt zu sein.« Die 164 Staaten, die ihn ratifiziert haben, sind verpflichtet, den Zugang ihrer Bevölkerung zu angemessener Nahrung sicherzustellen.

Eine Reihe neuer Initiativen für Ernährungssouveränität auf lokaler Ebene ist in den letzten Jahren in ganz Europa entstanden; viele Kommunen und Länder unterstützen Programme wie lokale oder regionale »Agenda 21«-Prozesse. In diesem Rahmen ist die Lebensmittelversorgung nicht mehr lediglich eine Aufgabe der Landwirtschaft, sondern wird zu einem städtischen Planungsbereich. Hunderte Städte auf der ganzen Welt von Toronto bis Kapstadt haben bereits zivilgesellschaftliche Beiräte als *Food Policy Councils* eingerichtet, welche die Verwaltungen beraten. Auch in Deutschland und Österreich sind *Ernährungsräte* aktiv: Sie erarbeiten *Urban Food Strategies*, um eine nachhaltige Lebensmittelversorgung mit dem Umland zu organisieren, und stellen den Einkauf der öffentlichen Einrichtungen um.

Nicht nur zivilgesellschaftliche Netzwerke versuchen das Ernährungssystem gerechter zu gestalten, auch in der Lebensmittelwirtschaft selbst entstehen neue Initiativen: So formieren sich neue Wertschöpfungsketten, die kürzer sind als jene der industriellen Agrobusiness-Unternehmen, jedoch mehr Volumen umsetzen, als dies in direkten Erzeuger-Verbraucher-Beziehungen möglich ist. Sie basieren auf gemeinsamen Werten, die an das Produkt und seine Herstellungsweise gebunden sind (z. B. regional, tierfreundlich, ökologisch, handwerklich, sozialverträglich), aber auch auf übereinstimmenden Visionen und fairen Beziehungen entlang der Lieferketten. Im Gegensatz zur Direktvermarktung bestimmen hier weder Produzent:innen den Preis, noch müssen diese akzeptieren, was ihnen der konventionelle Absatzmarkt anbietet. Stattdessen werden Preise und Mengen auf Augenhöhe zwischen den Marktpartner:innen bzw. ihren Vertreter:innen ausverhandelt. Durch horizontale und vertikale Koordination der beteiligten Akteur:innen wird eine produktive Balance zwischen Wettbewerb und Zusammenarbeit entlang der Wertschöpfungskette ermöglicht. Ein gelungenes Beispiel hierfür bietet die Tiroler Genossenschaft *Bioalpin*, die Produkte aus biologischer, regionaler und kleinstrukturierter Produktion unter ihrer eigenen Marke »Bio vom Berg« gemeinsam mit einer regionalen Supermarktkette vermarktet. *Bio-*

alpin koordiniert Erzeugergemeinschaften (z. B. Eier, Getreide) und Verarbeiter:innen (z. B. Kleinsennereien), vereinbart Mengen und Preise zwischen Handelsunternehmen und Produzent:innen und erarbeitet gemeinsam Produktinnovationen. Partner:innen mit gleichen Wertvorstellungen binden sich langfristig aneinander und sind sich über die Möglichkeiten und Begrenzungen des Gegenübers im Klaren; auch den Konsument:innen wird eine konsistente Produktinformation durch die gemeinsame Wertebasis der Akteur:innen ermöglicht. Somit zeigt sich: Wachstum erfolgt keineswegs ausschließlich über die Vergrößerung der einzelnen Betriebe, sondern durch die Ausdehnung des Netzwerkes bei stabilen Preisen.

Abb. 3: Dachgarten, Ryerson University/Toronto (Foto: Markus Schermer).

Ausblick

Wohin steuert nun also unser Ernährungssystem in der Zukunft? Wird die globale Verflechtung mit allen Konsequenzen bestehen bleiben, damit Menschen des globalen Nordens die große Bandbreite an Produkten jederzeit konsumieren können? Oder wird das Engagement in zivilgesellschaftlich organisierten Netzwerken vermehrt Zuwachs erfahren, um die Versorgung mit Lebensmitteln aus der näheren Umgebung zu fördern?

Vermutlich werden sich diese beiden Lebensmittelregime parallel weiterentwickeln: So konstatiert etwa der neuseeländische Agrarsoziologe Hugh Campbell (2009) die Gleichzeitigkeit von *Food from Nowhere* und *Food from Somewhere*. Demnach bleibt einerseits das industrielle Lebensmittelsystem mit seinem *Food from Nowhere* erhalten und produziert Massenware für den Massenkonsum: Eine technologiebasierte Bioökonomie ist hierbei das Modell der Nachhaltigkeit; Gentechnologie und Agroindustrie ermöglichen weiterhin niedrigpreisige Lebensmittel, während Umwelt- und Sozialgerechtigkeit über öffentliche oder private Zertifizierungen eingefordert werden. Andererseits entwickelt sich parallel ein neues Lebensmittelregime – das *Food from Somewhere*: Dieses moralisiert und verfolgt das Konzept der Fairness nicht nur international, sondern auch regional, arbeitet nicht mit austauschbaren Rohstoffen, sondern mit definierten »Lebensmitteln«, und bettet im Sinne von Karl Polanyi (Polanyi 1944) das Wirtschaftliche wieder in das Gesellschaftliche ein. Formen, bei denen Multifunktionalität und ländliche Entwicklung mit der Produktion verbunden und Nahebeziehungen zwischen Produzent:innen und Konsument:innen geschaffen werden, kennzeichnen dieses System.

Produzent:innen wie Konsument:innen bedienen bereits jetzt beide Systeme: Es gibt wenige Produktionsbetriebe, die ausschließlich lokal vermarkten, und nur eine geringe Zahl an Konsument:innen, die lediglich lokal konsumieren. Diese beiden Extreme bilden nur die Pole – dazwischen etablieren sich hybride Formen.

Aus der Perspektive der Gegenwart scheint es folglich nicht auf ein »entweder oder«, sondern auf ein »sowohl als auch« hinauszulaufen: Zwischen den beiden Polen der globalisierten Produktion und sehr kurzen, regionalen Ketten gibt es eine Vielzahl mehr oder weniger eingebetteter Zwischenformen. Als ein Beispiel dieser Mischformen seien rechtlich geschützte Herkunftsangaben genannt, die auf Vertrauen und Langfristigkeit basierende regionale Wirtschaftsbeziehungen mit externen Kontrollen und internationalem Handel verbinden.

Literatur

Campbell, Hugh (2009): Breaking new ground in food regime theory: corporate environmentalism, ecological feedbacks and the »food from somewhere« regime? In: Agriculture and human values, 26 (4), S. 309–319

DuPuis, Melanie E.; Goodman, David (2005): Should We Go »Home« to Eat? Toward a Reflexive Politics of Localism. In: Journal of Rural Studies, 21 (3), S. 359–371

Ermann, Ulrich; Langthaler, Ernst; Penker, Marianne u. a. (2018): Agro-Food Studies. Wien; Köln; Weimar: utb

Polanyi, Karl (1944): The Great Transformation: The Political and Economic Origins of Our Time. New York: Farrar & Rinehart

Reckinger, Gilles (2018): Bittere Orangen. Ein neues Gesicht der Sklaverei in Europa. Wuppertal: Peter Hamer

Future Food: Trends und Prognosen

Jan Grossarth und Gunther Hirschfelder

Wer wird in Zukunft bestimmen, was wir essen? Das ist nicht zuletzt von unserem Handeln in der Gegenwart abhängig: Gesellschaft, Politik, Wissenschaft und all jene, die Entscheidungen zu treffen haben, müssen die Weichen für die Zukunft stellen, sie planen und gestalten – eine äußerst herausfordernde Aufgabe, denn zur wissenschaftlichen Planung bedarf es einer Vorstellung über die Rahmenbedingungen der Zukunft. Da in Prognosemodellen überraschende Momente wie technische Innovationen oder Katastrophen kaum vorkommen, sind Prognosen mit großer Unsicherheit behaftet. Gleichwohl müssen wir überlegen, wie sich gegenwärtige Strukturen in der Zukunft weiterentwickeln werden. In einer zunehmend multiethnischen und multireligiösen Gesellschaft, die sich zugleich durch eine Individualisierung der Lebensformen, den Bedeutungswandel der Familie und voranschreitende Prekarisierung auszeichnet, gilt es überdies, sich auch hinsichtlich der Ernährungskommunikation von der Vorstellung einer vermeintlich homogenen deutschen Esskultur zu lösen und den Blick für Essgewohnheiten jenseits familiärer Kontexte und tradierter Mahlzeitenformen zu öffnen. Wo kommt es zu linearen Fortschreibungen heutiger Strukturen, welche Elemente werden sich besonders stark verändern und wo entsteht etwas ganz Neues?

Effizienzsprünge oder neue Knappheit?

Im Zuge ihrer klimapolitischen Ambitionen dürfte die Agrarpolitik zunehmend Einfluss auf die Preisbildung von Lebensmitteln und damit das Essverhalten nehmen. Durch die Steuer- und Fiskalpolitik wird deutlich stärker als in früheren Dekaden versucht, Essverhalten »sanft« zu lenken. Das in Brüssel und Berlin formulierte Paradigma der »grünen Transformation« zielt dabei sowohl auf gesunde Ernährungsstile ab als auch auf die klimaneutrale landwirtschaftliche Erzeugung. Somit werden Nachhaltigkeits- und Gesundheitsfragen positiv miteinander verwoben.

Der europäische Gesetzgeber und die Bundesregierung planen im Zuge ihrer Klimapolitiken für alle Wirtschaftssektoren tiefgreifende Änderungen der wirtschaftlichen Anreize für Konsum und Produktion. So hat z. B. der europäische Gesetzgeber im »Green Deal« (2019) sowie im »Aktionsplan für die Kreislaufwirtschaft« (2020) den Imperativ formuliert, dass der gesamtgesellschaftliche Ressourcenverbrauch in Zukunft deutlich sinken müsse, damit die europäische Wirtschaft bis 2050 klimaneutral sei. Die EU-Kommission spricht in ihrem »Aktionsplan für die Kreislaufwirtschaft«

von einem anstrebenswerten »Modell des regenerativen Wachstums, das dem Planeten mehr zurückgibt als es ihm nimmt«.

Hiermit ist eine ökologische Industriepolitik angedeutet, die Märkte und Anreize grundsätzlich verändern will. Eine Steuer- und Zollpolitik, die »wahre« Kosten der Produktion eines Produktes sichtbar macht – etwa den Preis von Wasserverschmutzung und Klimafolgen –, wird in Brüssel unter dem Stichwort »true cost accounting« vorbereitet. Landwirtschaft und Ernährung bleiben hiervon nicht unberührt, ein Ziel lautet: 20 Prozent Ökolandwirtschaft EU-weit bis 2030. Schließlich stellt die Kommission selbst die historische Dimension ihres Vorhabens fest (EU-Kommission 2020):

> »Der Übergang zur Kreislaufwirtschaft wird innerhalb und außerhalb der EU systemisch, tiefgreifend und transformativ sein.«

Eine Frage lautet: Wie einschneidend werden die Mahlzeiten der EU-Bürger dadurch »transformiert« werden – zu »mehr bio«, »weniger Fleisch«? Das lässt sich nicht vorhersagen. Schließlich sind diese Pläne großteils noch nicht Gesetz und Verordnung und die vielen Legislativmaßnahmen müssen jeweils von den Mitgliedsstaaten beschlossen werden. Aber auch aus anderen Gründen ist es völlig offen, ob die politische »Transformation der Diäten« gelingen wird. Schließlich entziehen sich Konsum- und auch Ernährungsentscheidungen weitgehend der staatlichen Kontrolle; sie liegen in der Verantwortung der Alltagsvernunft der Menschen. Die kulturelle Bestimmtheit des Ernährungshandelns entzieht sich damit nicht nur der Prognostik, sondern auch der Planbarkeit.

Eine erste Herausforderung liegt in der schnell wachsenden Weltbevölkerung mit ihrem noch schneller wachsenden Hunger: Von 7,8 Milliarden Menschen im Jahr 2022 werden wir laut eines 2019 erschienenen Berichtes der Vereinten Nationen auf wohl 9,8 Milliarden im Jahr 2050 und 11 Milliarden in 2100 anwachsen. Dabei ist die Jahrhundertmitte von uns gerade einmal eine Generation entfernt. Globale Erwärmung, Bodenerosion und Wasserknappheit führen dazu, dass sich die Agrarproduktion weniger schnell als in vergangenen Jahrzehnten steigern lassen und wegen zunehmender Konflikte und Kriegen sogar zurückgehen wird. Der Überfall Russlands auf die Ukraine zeigte die Verwundbarkeit der Getreideversorgung durch militärische Auseinandersetzungen deutlich auf; sechs Wochen nach Kriegsbeginn stiegen die globalen Lebensmittelpreise auf ein 50-Jahres-Hoch.

Einige technische Entwicklungen geben andererseits gewisse Hoffnung: Tröpfchenbewässerung, LED-beleuchtete Low-Input-Gewächshäuser, Mikro- und Mini-Roboter als Feldhelfer oder Resistenzzüchtungen von Pflanzen mittels schnellerer und angeblich präziser »Genomscheren« wie Crispr-Cas-9. Von der Zukunft der Landwirtschaft kann dennoch nur ein vages Bild gezeichnet werden. In jedem Fall besteht aber immenser wissenschaftlicher wie politischer Handlungsbedarf, um Zukunft gestalten und ihre Risiken handhaben zu können. So setzt die deutsche Entwicklungspolitik im Einklang mit der EU auf eine Stärkung der Bauern in den Wertschöpfungsketten sowie auf die Förderung genossenschaftlicher Strukturen.

Eine zweite Herausforderung besteht darin, ökologische Probleme zu bewältigen: Mehr als eine Million Pflanzen- und Tierarten sind vom Aussterben bedroht, Böden und Grundwasser sind nitrat- und pestizidbelastet, Flächenfraß und Bodenversiegelung schreiten nicht nur in Amazonien und Asien in deprimierendem Tempo voran, sondern auch in Deutschland. Die ersten beiden Herausforderungen werden voraussichtlich zu einer deutlichen Erhöhung der Lebensmittelpreise führen; im Jahr 2021 waren bereits neue Rekordwerte erreicht. Zu Beginn der 2020er-Jahre dürfte die Billigpreiswelle ihren letzten Höhepunkt erlebt haben.

Die Welt steuert auf Knappheitsszenarien der Rohstoffe oder Nährstoffe hin. Sowohl Nahrungs- als auch Umweltkrisen dürften global bis zur Jahrhundertmitte weiter stark zunehmen. Bilder verhungernder Menschen wie 1967 im Rahmen der Biafra-Krise werden die Öffentlichkeit mit zentralen ethischen Fragen konfrontieren: Was darf der Mensch in einer Demokratie essen, wenn andere hungern? Ist es moralisch verantwortbar, wenn wir Nahrungs- und Futtermittel importieren und exportieren, sogar mit ihnen spekulieren, wenn dies grundlegend auf der Ausbeutung von Menschen, Tieren und Ressourcen basiert?

Ökologische Politik mit den Zielen der Klimaneutralität und Kreislaufwirtschaft haben sich nicht nur die EU, sondern auch die Vereinigten Staaten und China ins Zukunftsprogramm geschrieben. Im Fall Chinas führt der erklärte Pfad in eine »ökologische Zivilisation« chinesischer – also kollektivistischer – Prägung (Hansen et al. 2018). Nährstoffe, bis hin zu menschlichen Fäkalien, müssten in solchen Welten im Kreislauf geführt, Abfall vermieden oder verboten werden. Auch der deutsche Gesetzgeber nähert sich dem an, aber langsam und schrittweise; über Plastikprodukteverbote, die Vorbereitung von Reparaturpflichten für Hersteller von Elektrogeräten – oder aber über das geplante Verbot, Lebensmittelabfälle zu vernichten. Vor dem Hintergrund absehbarer Knappheiten ist davon auszugehen, dass »Food Waste« einen höheren Marktwert bekommt und die globale Verschwendungsrate von etwa einem Drittel sinken wird.

Die dritte Herausforderung liegt im innergesellschaftlichen Handlungsdruck und betrifft die Motivation und die ökonomischen Strukturen der Menschen, die von der Landwirtschaft leben: Mit ihrer vorrangigen Aufgabe, Lebensmittel zu erzeugen, wird die Landwirtschaft – jedenfalls in den »westlichen« Staaten – zunehmend als Problem wahrgenommen (Grossarth 2018). Die Fehlernährung produziert allein in Deutschland derzeit soziale Folgekosten in einer Größenordnung von 16,8 Milliarden Euro jährlich (Meier et al. 2015). Global übersteigt der Anteil der Übergewichtigen den der Mangelernährten. In der Schnittmenge dieser Problemlagen findet sich der gesamte Bereich der konventionellen Lebensmittelerzeugung, von der Farm bis zur Ladentheke. Der Handel und vor allem die in der Landwirtschaft Tätigen fühlen sich angesichts der Komplexität und des Ausmaßes der Kritik überfordert und gleichzeitig marginalisiert (Wittmann 2021).

Die zitternde Nadel des sozial-kulturellen Ernährungskompasses

Die Ernährungssysteme werden also in Zukunft mit erheblichen Risiken zu kämpfen haben; gleichzeitig bieten sich auch Chancen. Im wissenschaftlichen wie im medialen und politischen Diskurs wird aber oft recht isoliert auf den Sektor geblickt: Aus der Wissenschaft dominieren naturwissenschaftlich-ökologische Stimmen, in den überregionalen Leitmedien überwiegt die Problematisierung. Dabei ist der Sektor in gesamtgesellschaftliche Prozesse eingebettet und eng mit der Ernährungskultur verzahnt. Unter dieser Prämisse seien im Folgenden Schlaglichter auf die Zukunft geworfen – die sich dabei aber stets gänzlich anders entwickeln wird, ist doch die Geschichte der Prognostik immer auch die ihres Nichteintreffens gewesen.

Erschwerend kommt hinzu, dass wir uns im Augenblick in einer rasant voranschreitenden, krisengeprägten Transformationsphase befinden, ähnlich wie in den Jahren um 1800, als Europa mit der Aufklärung, den Ereignissen in Frankreich um 1789 und der Industrialisierung in kurzer Zeit eine Trias an Revolutionen erlebte, die markante Triebkräfte für einen gesellschaftlichen und ökonomischen Wandel darstellten. Heute sind es die Faktoren der Globalisierung bzw. De-Globalisierung, die Folgen der Coronakrise, der Übergang von der Industrie- zur Dienstleistungsgesellschaft, die Digitalisierung und die Entwicklung zur multiethnischen Gesellschaft, welche die Transformation von Wirtschaft und Kultur rasant beschleunigen.

Kulturell ist – jedenfalls in den »westlichen« Gesellschaften – eine historisch beispiellose Individualisierung zu beobachten, die laut dem Soziologen Andreas Reckwitz in einem Relevanzverlust vieler Institutionen wie Parteien, Kirchen oder klassischen Medien für Handlung und Alltagsgestaltung der Menschen zum Ausdruck kommt. Die politische Instabilität wird in vielen Staaten auch durch neuartiges, auffallend wechselhaftes Wahlverhalten sowie

Erfolge der Populisten zutage gefördert. So erscheint es insbesondere an einer Epochenschwelle schwierig, aus Trends – und auch aus Ernährungs-Trends – belastbare Zukunftsaussichten abzuleiten. Trends sind zunächst nicht mehr als ein Ausdruck von Suchbewegungen, die als Reaktion auf aktuelle Probleme entstehen.

Agrarrevolution statt Agrarwende? Zur Zukunft der Landwirtschaft

Auf etwa zwei Dritteln der deutschen landwirtschaftlichen Fläche wachsen Futtermittel – am Reißbrett entworfen, müsste man sagen: Eine Verringerung des Fleischverbrauchs könnte viele Probleme leicht verringern. Global geht der Trend jedoch in die gegenläufige Richtung: Die Nachfrage nach Fleisch und Milchprodukten steigt ungebrochen. Auch zukünftig wird die globale Agrarproduktion unter strukturellem Effizienzdruck bleiben, denn wegen des zu erwartenden Bevölkerungswachstums wird die weltweite Produktion bis 2050 um mindestens 60 Prozent gesteigert werden müssen, und der globale Fleischverbrauch könnte sich laut einer 2012 erschienenen Studie der Ernährungs- und Landwirtschaftsorganisation der Vereinten Nationen (FAO) aufgrund der Entwicklung in den Schwellenländern sogar verdoppeln. Kontrastierend hierzu wird in westlichen Ländern derzeit intensiv ausgehandelt, wie zukünftig mit Fleisch umgegangen werden soll: So ziehen die Diskussionen um Veganismus zumindest ein verringertes Wachstum des Fleischkonsums nach sich, selbst während der Coronakrise konnte keine Zunahme beobachtet werden. Global ist jedoch mit einem doppelten Futtermittelverbrauch zu rechnen.

Überdies wird vielfach gefordert, dass der Acker auch Energie liefern soll. Zuckerrohr und sogar Getreide werden zu Flugbenzin verarbeitet, während der globale Hunger steigt – eine wahrlich paradoxe Lage. Dieselbe Entwicklung bahnt sich auch im Hinblick auf chemische Grundstoffe oder Baustoffe an: Unter dem Stichwort »Bioökonomie« – ebenfalls Teil des »EU Green Deals« – verbirgt sich die Absicht, dass deutlich mehr Chemieersatz-, Kraft- oder Baustoffe vom Acker und aus dem Forst kommen sollen. Hier zeichnet sich eine Zunahme der Nutzungskonflikte mit der Landwirtschaft ab, deren vorrangige Aufgabe unwidersprochen die Lebensmittelversorgung ist; somit entsteht ein beispielloses Wirrwarr ethischer und moralischer Konflikte (dabei waren diese Nutzungskonflikte in vormodernen Zeiten der Regelfall).

In Anbetracht des globalen Anstiegs der Nachfrage nach Qualitätslebensmitteln, die hohe Sicherheitsstandards erfüllen, ergeben sich für Deutschland auch zusätzliche Chancen, Agrarprodukte zu exportieren. Das aber erfordert intensive Forschung und einen Innovationsschub, der ökologische und konventionelle Landwirtschaft noch stärker verschränkt. Ein Beispiel hierfür wäre die Verwendung enzymatischer Futtermittel zur Methanreduzierung bei Wiederkäuern. Fast zwangsläufig werden Lebensmittelproduktion und Landwirtschaft noch stärker wissenschaftlich technologisiert, allerdings nicht unbedingt in großen Systemen oder über große Flächen, denkt man etwa an GPS-Systeme mit Drohnen zur Identifizierung von Wiesenbrütern. Zu agrarökologischen Innovationen gehören auch Agroforstsysteme oder der Einsatz von Insekten als Nützlingen; die »Bioökonomie-Landschaften« mit ihren Windkraftanlagen und Biogasanlagen entfernen sich ästhetisch von den bäuerlichen Landwirtschaften der Vergangenheit, auch wenn der Verlust an Arten und Humus gestoppt werden soll. Hier sehen Fachleute die Rolle des Staates als Subventions- und Regelgeber weit bedeutender als mögliche Beiträge der Verbraucherinnen und Verbraucher, die entsprechend gelabelte und zertifizierte Brote oder Rapsöle nachfragen.

Science Fiction in der Nahrungsmittelproduktion

Es ist davon auszugehen, dass einem wachsenden Qualitätsbewusstsein unter Preisdruck ein Trend zu Effizienzsteigerungen in der Produktion gegenüberstehen dürfte. Forschungsanstrengungen bestehen bereits auf breiter Front, denkt man etwa an den Innovationsraum »New Food Systems«, der seit 2019 als Verbundprojekt mit Partnern aus Wissenschaft, Gesellschaft und Industrie nachhaltigere Nahrungsmittelsysteme zur Erschließung alternativer Proteinquellen, großindustrieller Aquaponik oder neuer Pflanzen erforscht. Innovationspotenzial besitzen auch Techniken wie das Vertical Farming, die vor allem dann praktikabel sein können, wenn sie in den Fokus von Investoren und Risiko-Kapital rücken oder die Politik die finanziellen Mittel für Forschung bereitstellt. Der Staat schickt sich an, das Investoreninteresse zu stimulieren. Innovative Agrartechniken dürften auch im Zuge der EU-Taxonomie, die »grüne« Branchen staatlicherseits definiert, um sie fiskal- und steuerpolitisch besser zu stellen, auf stark steigendes Investoreninteresse stoßen.

Die Realisierung solcher Technologien wird letztlich von ökonomischen Machbarkeiten abhängen, denn wie so oft kommt die Revolution erst mit Preissteigerung für Agrarprodukte und damit mit der Wirtschaftlichkeit. Der historische Rückblick zeigt, dass die Ideen für viele Ernährungs- und Agrarinnovationen schon in der ersten Hälfte des 20. Jahrhunderts existierten, aber stets an mangelnder Nachfrage in Verbindung mit günstigeren Preisen »konventionell« erzeugter Massenware scheiterten: Das gilt für die vertikale Gemüseproduktion, Fleischersatz aus Erbsen und Soja und anderes vegetarisches »New Food«.

Seit Mitte der 2010er-Jahre stellt sich dies anders dar: Die Nachfrage nach Fleischersatz, etwa aus Erbsen oder Getreide, steigt seither erheblich, während der Fleischverbrauch leicht abnimmt (▸ Tab. 1); dasselbe gilt für Milchersatz aus Hafer. Große Investoren haben hier global Milliardensummen investiert. So stieg 2020

Abb. 1: Die Entwicklung innovativer Fleischersatzprodukte schreitet zügig voran. Hier: »Fleisch« aus Weizen, Universität Wageningen (Quelle: Jan Grossarth).

etwa der amerikanische Finanzinvestor Blackstone beim Hafermilcherzeuger »Oatly« aus Schweden ein. Auch das Insekt tritt bedeutend in die Nahrungsmittelkette ein: Seit 2017 erlaubt die Europäische Union die Verfütterung von Insektenprotein, was eine entscheidende Prozessinnovation in Richtung einer Kreislaufwirtschaft darstellt. Aus organischen Abfällen können etwa Schwarze Soldatenfliegen-Larven gezüchtet werden, die lebendig oder verarbeitet an Hühner verfüttert werden. In diesem Bereich haben sich nicht nur in Europa zahlreiche junge Unternehmen gegründet. Um den »Peak Meat« zu erreichen – den Punkt, an dem der Fleischkonsum rückläufig sein wird –, müsste jedoch in breiteren Bevölkerungsschichten ein Bewusstsein dafür geschaffen werden, welche pflanzlichen Alternativen und Fleischersatzprodukte bereits zur Verfügung stehen.

Techniksprünge in der Pflanzenzucht sind durch die sogenannten Genomscheren wie Crispr-Cas-9 zu erwarten; erste pilzresistente Rapssorten befinden sich etwa in den Vereinigten Staaten

Abb. 2: Insektenfett (hier ETH Zürich) – ein Lebensmittel der Zukunft? (Quelle: Jan Grossarth).

im Anbau. In der EU fallen sie nach einem Urteil des Europäischen Gerichtshofes von 2018 jedoch unter das Gentechnikrecht, was den Anbau und die Zulassung erheblich erschwert oder verunmöglicht. Im Zuge des »Green Deal« deutete die EU-Kommission jedoch an, dieses Urteil etwa durch juristische Neudefinitionen umgehen zu wollen. Hier lassen sich Parallelen zu Konflikten zwischen den Nationalstaaten ziehen, wie etwa im Falle der Atomenergie, die manche Staaten als klimagerecht, andere als nicht nachhaltig einschätzen. Die Akzeptanz von Crispr-Cas-verändertem Gemüse und Getreide müsste dann aber auch die Hürde auf den Teller der Verbraucherinnen und Verbraucher nehmen – und des Lebensmittelhandels, für den das Label »gentechnikfrei« ein erfolgreiches Geschäftsfeld ist.

Womöglich werden kommende Generationen aber auch in diesem streitbaren Feld technikoffener sein – denn ein Trend lässt sich als sinuskurvenförmiger Verlauf kultureller Prozesse verorten. Seit dem Ende der 1960er-Jahre hat sich eine romantisch-technikfeindliche Grundstimmung eingeschlichen, die vor allem den medialen Diskurs maßgeblich bestimmt hat, da ihre Protagonistinnen und Protagonisten zu wichtigen Funktionsträgern avanciert sind. Mit dem anstehenden Generationswechsel werden sich auch die Leitperspektiven verschieben, und am Horizont zeichnen sich sowohl neue radikale Umweltbewegungen als auch ein bislang unbekannter Pragmatismus in Bezug auf technische Innovationen wie In-vitro-Fleisch und Genfood ab.

In Deutschland sind die neuen Züchtungstechnologien – wie auch andere industrielle Produktionsmethoden, etwa in der Tierhaltung – derzeit politisch kaum vermittelbar, weltweit aber auf dem Vormarsch. Wenn etwa Brasilien, China, Indonesien oder Indien auf ein marktkapitalisierendes Agrobusiness setzen, geraten nachhaltige und sozialverträgliche Formen der Landwirtschaft global gesehen weiter in die Defensive.

Gerade in Deutschland könnten dagegen industrielle Klimakammern in kleinem Maßstab größere Chancen haben, etwa zur Anzucht von Nutzpflanzen wie Rucola, Spinat oder auch Quinoa – »controlled environment« auf einem Kubikmeter für private Haushalte. Alle Parameter werden dabei über Interfaces gesteuert, etwa Smartphone-Apps. Auf diese Weise kann bspw. Salat planmäßig und über Klimasteuerungen zur Erntereife gebracht werden. Weitere Innovationen mit gesellschaftlichem Akzeptanzpotenzial wären die Produktion proteinreicher Mikroalgen als Futtermittel, Insektenhaltung oder Aquakulturen. Ferner sind zu nennen: Käse-Proteine aus dem Fermenter, Eier-Ersatz aus Erbsen sowie Fisch- oder Fleischersatz aus Bioreaktoren. Hierbei kommt Gentechnik zum Einsatz, kein Tier muss dafür sterben – von »Novel Food« ist die Rede. In diese und andere Fleischalternativen aus Laboren investierten Anleger auf der ganzen Welt allein in den ersten neun Monaten des Jahres 2021 mehr als drei Milliarden Euro (Good Food Institute 2021).

Die bereits auf einigen Höfen praktizierte Futtererzeugung von Larven aus kommunalen Abfällen ist besonderer Weise dazu in der Lage, regionale Stoffkreisläufe zu schließen und den ökologisch problembehafteten Import von Sojafutter aus Brasilien zu reduzieren. Gewächshäuser in den Niederlanden sind immer häufiger nahezu stofflich geschlossene Systeme, die keine schadstoffbelasteten Abwässer mehr nach außen abgeben. Sie kommen ohne chemische Insektizide aus. Wirtschaftlich wurden sie durch die Stromeinsparungen, die effizientere LED-Lichttechniken seit den 2010er-Jahren ermöglichten. Während Insekten als menschliche Ernährung im traditionellen Afrika und Asien unverzichtbarer Bestand der Alltagsernährung sind, bleibt die Akzeptanz in westlichen Staaten gering. Positiv aufgenommen werden jedoch Algen aus Zucht oder Meeresfang, etwa als proteinreiche Additive (z. B. Spirulina). Hunderttausende Kleinbauern in Indonesien oder China leben mittlerweile von der Algenfischerei, auch dies trägt letztlich zur Wiedergewinnung von Nährstoffen bei, die von den Flüssen in die Ozeane gespült worden waren.

Überdies gibt es im Rahmen hoch technisierter und produktiver Ackerwirtschaft Beispiele ökologischer Innovation: Der Fokus der großen Agrarkonzerne auf das Bodenleben seit den späten 2010er-Jahren stellt einen agrarhistorischen Paradigmenwechsel dar. Mykorrhiza oder Bakterienkulturen werden künstlich in die Böden eingebracht, um die Fruchtbarkeit zu erhalten und Humus aufzubauen. Das ist wirtschaftlich umso attraktiver für Landwirte, je höher die Preise für chemisch synthetisierte Düngemittel sind. Diese stiegen in der Corona-Krise von 2020/21 auf neue Rekordwerte an. Im Zuge internationaler Klimapolitik soll der Ackerbau zum »Carbon Farming« beitragen – eine regenerative Bewirtschaftungsform, die zum Ziel hat, Klimagase aus der Atmosphäre im Boden zu binden, um so der Klimakrise entgegenzutreten. In der Tierhaltung findet die Geflügelhaltung nach Biostandards oder höchsten Tierhaltungskategorien hohe Akzeptanz, wie auch die Weidehaltung von Wiederkäuern.

Agrarisches Größenwachstum trotz urbaner Emotionskultur

Obgleich eine klare Prognose der Ernährung von morgen kaum erfolgen kann, sollen im Folgenden vier Tendenzen aufgezeigt werden, die sich schon heute abzeichnen. Zum einen eröffnen Technologien ungeahnte Möglichkeiten – zumindest theoretisch. Die Nutzung dieser Möglichkeiten ist aber von der gesellschaftlichen Akzeptanz abhängig, und damit von politischen Reaktionen und medialen Diskursen. Ob Käfighaltung als Fortschritt gefeiert oder als Tierquälerei verboten wird, ist abhängig von der kulturellen Bewertung und Aushandlung abweichender Parameter – etwa von »Effizienz«, »Natürlichkeit« oder »Tierwohl«. So lassen sich bspw. Prozesse der Tierhaltung, Fleischproduktion und -konsumption sowie ihre gesellschaftliche Einbettung und Bewertung diachron nachvollziehen. Ein historisches Beispiel: Als der damals von Journalisten sogenannte »Hühnerbaron« Anton Pohlmann in Südoldenburg wegen Gesetzesverstößen in seinen hoch industrialisierten Legehennenbetrieben in den 1990er-Jahren vor Gericht aussagen musste, zeigte er kein Schuldbewusstsein; er stellte die Käfighaltung stattdessen als Zivilisierungsprozess dar, indem er angab, die Hühner würden sich an die Käfige mit der Zeit gewöhnen wie Menschen an die Kleidung.

Angesichts des Bedeutungswachstums von Mensch-Tier-Beziehungen und der von Andreas Reckwitz konstatierten »Emotionskultur« ist eine derart technokratische Rede über das Tier im öffentlichen Raum längst nicht mehr anschlussfähig. Auch abgesehen von den kulturellen Zeitumständen ist sie mitgefühllos, zynisch und offenbart einen völligen Mangel an ethischer oder moralischer Orientierung. Womöglich im Sinne des Erschreckens darüber haben auch seit Mitte der 2010er-Jahre selbst die großen globalen Zuchtkonzerne wie EW Group Abstand vom Prinzip der Hochleistungszucht von Hennen genommen und bemühen sich – jedenfalls laut der Selbstdarstellung – nun mehr um Langlebigkeit als Zuchtziel. Doch der Zielkonflikt zum Effizienzgebot bleibt bestehen.

Industrielle Tierhaltung und industrieller Ackerbau befinden sich aus Gründen des gesellschaftlichen Wandels in einer Vertrauens- und Akzeptanzkrise. Das trifft aber auch die Biolandwirtschaft, deren eigene Industrialisierung erst unlängst zum Gegenstand kritischer Medienberichte geworden ist. Jüngere Studien stellen insbesondere einen starken gesellschaftlichen Anerkennungsverlust der konventionellen Landwirtschaft heraus, die nicht mehr in erster Linie nach ihrer Produktivität, sondern am Maßstab nachhaltigen Wirtschaftens bewertet wird (Wittmann 2021). Emotionalität und Polarisierung der Debatte erschweren den Dialog und machen lösungsorientierte Ansätze umso dringlicher, zumal nicht nur Ökologie und Klima, sondern auch die Landwirtinnen und Landwirte selbst darunter leiden, dass politisch langfristige Pläne und Visionen fehlen. Dazu kommen sowohl im konventionellen als auch im ökologischen Bereich erheblicher ökonomischer Druck, Angst um das Überleben der Höfe angesichts fortbestehenden Strukturwandels und oft hohe Verschuldungen für Stallbauten und neue Maschinen, um international wettbewerbsfähig zu bleiben.

Auch wenn seit den 2010er-Jahren in vielen Supermärkten »Regio-Ecken« und bäuerliche Produkte angeboten werden, verschwinden diese Erzeuger mehr und mehr vom Markt, wenn die ältere Bauerngeneration in den Ruhestand geht. Gerade die bäuerlichen, kleineren Betriebe finden oft keine Nachfolger. Der Blick auf die kommende Generation von Landwirtinnen und Landwirten lässt erkennen, dass sich die Tendenz zu einem Größenwachstum und einem Sterben der kleinen Höfe fortsetzen und verstärken dürfte: Nur 36,7 Prozent der deutschen landwirtschaftlichen Betriebe hatten 2018 einen Hofnachfolger. Unter den größten Betrieben mit Flächen von mehr als 500 Hektar waren dies deutlich mehr als 70 Prozent, von den Kleinhöfen mit weniger als zehn Hektar aber weniger als 30 Prozent. Nicht gesellschaftliche Akzeptanz, sondern wirtschaftliche Bedingungen bestimmten also die reale Bereitschaft, Landwirt zu werden – so war auch die Hofnachfolgequote im Bereich der Tierhaltung und -verarbeitung am größten (Statistisches Bundesamt 2018).

Ebenfalls noch nicht absehbar ist die Reichweite der ökonomischen Rahmenbedingungen auf das Konsumentenverhalten, die sich durch die Corona-Pandemie verschlechtern dürften. In Europa herrscht Rezessionsgefahr – ein »asiatisches« Jahrhundert wird von Wirtschaftsfachleuten erwartet. Am Horizont steht auch in Europa neue Armut, und die ökonomische »Schere« öffnet sich zusehends – wenn nicht deutlich gemessen am Einkommen, so doch am Vermögen von Geld oder auch Immobilien- und Aktienwerten. Auch im Bereich der Lebensmittel ist mit einer Ausweitung des Luxussegments für gesundheitsbewusste multioptionale Hedonisten mit Vorliebe für hochwertige und sichere Produkte auf der einen Seite zu rechnen, während die wachsende Armut zu steigender Preissensibilität und sinkendem Qualitätsanspruch führt und damit auch einen neuen Pragmatismus nach sich zieht.

Der Ernährungssektor in der Ideologisierungsfalle

Es scheint, als gingen die Landwirtschaft und die Politik in entgegengesetzte Richtungen – so wie auch die Konsumenten: Einem stark preissensiblen Teil steht ein zunehmend ideologisierter gegenüber. Die Ideologisierung der Ernährung wirkt maßgeblich auf Agrarpolitik und Ernährungsstile. Bis zu den Wendejahren um 1990 prägte die Frage nach der politischen Verortung in »rechts« und »links« den öffentlichen Diskurs, worauf eine Generation des neoliberalen Pragmatismus folgte. Seit den 2010er-Jahren ist eine neue Ideologisierung zu beobachten – diese bezieht sich aber nicht weniger auf politische Systeme als auf Ernährungsstile, die zwischen Selbstoptimierung und Weltrettung oszillieren. Gesellschaftliche und politische Diskussionen um Ackerbausystem werden deshalb so erbittert geführt, weil es sich um eine Stellvertreterdiskussion handelt, bei der es um die vermeintlich richtige Sicht auf globale Fragen geht: Wer für regionale Landwirtschaft ist, möchte den Klimawandel rückgängig machen, wer gerne argentinische Rotgarnelen kauft, ist den Folgen gegenüber gleichgültig oder er glaubt eher an die selbstregulierenden Kräfte des Marktes; Komplexitätsreduktionen, die ihre Entsprechungen auch in den Attributen gluten- und laktosefrei oder auch vegan finden. Die folgende Tabelle illustriert beispielhaft, wie sich die Medienberichterstattung und der tatsächliche Fleischkonsum seit Mitte der 1990er-Jahre verändert haben. Die mediale Zuspitzung steht dabei in keinem Verhältnis zur tatsächlichen leichten Reduktion des Fleischverbrauchs:

Tab. 1: »Vegan« als Medien- und Alltagsthema

Beobachtung	**1994–1998**	**1999–2003**	**2004–2008**	**2009–2013**	**2014–2018**	**2019–2023**
Nennung des Wortes »vegan« in der Süddeutschen Zeitung	8	9	25	88	357	558*
Fleischverzehr pro Kopf und Jahr**	62 kg	61,5 kg	60,4 kg	62,4 kg	61,1 kg	57,3 kg

*) Für 2019–2021 beträgt der Wert 335, Stand Anfang Januar 2022 hochgerechnet auf den gesamten Fünf-Jahres-Zeitraum bis Ende 2023 (zur besseren Vergleichbarkeit) wären das 558. **) Genannt ist jeweils der Wert für das volle 0er- oder 5er-Jahr im angegebenen Zeitraum – also z. B. 1995, 2020.

Auswertung: Jan Grossarth, Quellen: Genios, Stuttgarter Zeitung (9.1.1996), Statista, BMEL, Destatis.

Traditionsbrüche im Essverhalten

Tradierte Gemeinschaftsformen erodieren: Im Zuge der extremen Individualisierung der Lebensformen und der Prekarisierung verlieren Mahlzeiten und tradierte Menüfolgen in demselben Maße an Bedeutung, in welchem die traditionelle Familie als Lebensform auf dem Rückzug ist und die Zahl der Single-Haushalte wächst. Stattdessen wird in Gemeinschaft nicht-familiärer Sozialkontakte oder auch allein gegessen, wobei die Mahlzeit vermehrt dem Snack zwischendurch weicht. Neben und parallel zu einer Regionalisierung schreitet die Globalisierung des Essens fort (Glokalisierung); Bowls ersetzen Drei-Komponenten-Gerichte. So nehmen wir bereits seit geraumer Zeit weitgehend unbemerkt Abschied vom alten Dreiklang der deutschen Mahlzeit: Fleisch, Gemüse, Sättigungsbeilage. Die Internationalisierung der Esskultur hat zu einer anderen Geometrie der Mahlzeit beigetragen, weg von den Komponentengerichten hin zu All-in-One-Speisen – etwa den Superfood-Bowls, die sich insbesondere bei der Generation der unter 30-Jährigen hoher Popularität erfreuen. Lieferdienste, etwa *lieferando.de*, und der Online-Einkauf von Lebensmitteln haben vor allem im Zuge der Corona-Pandemie deutlich zugenommen. Besondere Bedeutung kommt hierbei Systemgastronomen, Kleinanbietern und jungen Start-ups zu, die zu niedrigen Preisen und zielgruppenorientiert überallhin liefern. Wenngleich diverse Snacks zunehmend die »drei täglichen Mahlzeiten« ersetzen, erlebt neben dem Lieferdienst und Convenience das häusliche Kochen seit Corona eine Renaissance. Das betrifft auch die immer noch steigende Anzahl der Singlehaushalte. So führt dieser Trend ebenso zur Auflösung der Mahlzeitenstruktur und zu einer fortschreitenden »Snackisierung«. Die hoch individualisierte Lebensstilgesellschaft ernährt sich asynchron, fragmentiert – Snacking findet vielfach, zwischendurch und unbewusst statt, was auch einem Mangel an Zeit für aufwändigere Zubereitung geschuldet ist. Ernährung verliert hierdurch an sozialer Funktion.

Die Lebensstilgesellschaft verbindet die Ernährung zunehmend mit Sinnsuche und der ständigen und konsumfundierten Neuerfindung des Individuums, das sich mittels der Mahlzeiten zudem moralisch und ästhetisch inszeniert und auf sinnliche Weltreise geht. Koscher und vegan werden ebenso zum Entdeckungsfeld, wie auch – und ungleich mehr – Nature Food, Clean Food, Paleo und andere schnell wechselnde Trends, denen die Ernährungswissenschaftlerin Hanni Rützler jüngst in ihrem Food Report nachging. Auch im Megatrend zum »Weglassen« wird die »Natürlichkeit« als roter Faden erkennbar: frei von Gluten, frei von künstlichen Aromastoffen, mit halbiertem Zuckeranteil. Die Sehnsucht nach einem erfüllten, langen Leben sowie die Angst vor Krankheit und Tod stärken das Bedürfnis, den eigenen Gesundheitszustand durch die »richtige« Ernährung zu kontrollieren. Der aktuelle Trend des »Healthy Hedonism« versucht die oftmals als konträr wahrgenommenen Aspekte Gesundheit und Genuss zusammenzudenken: Demnach basiert die Ernährung auf pflanzlicher, aber möglichst geschmackvoll zubereiteter Nahrung, gleichzeitig wird von Verboten abgesehen und dazu aufgefordert, der eigenen Vorliebe und Intuition zu folgen.

Im Trend zur Natürlichkeit begegnen sich jedoch auf vielschichtige und teils verwirrende Weise die Ansprüche an Nachhaltigkeit der Erzeugung und an die Gesundheit als hedonistischem Wert. Hier korrespondiert die Verwirrung auf Seiten der Konsumenten gewissermaßen mit den eingangs geschilderten Zielkonflikten der Politik, die zwischen klimapolitischen Reduktionszielen und produktivitätsorientierten Sachzwängen hin- und hergerissen scheint.

Drittens verändert sich Ernährung auch künftig im Kontext der zunehmend multiethnischen, multireligiösen Gesellschaften: Angesichts der 21,9 Millionen Menschen mit Migrationshintergrund, die laut einer Erhebung des Statistischen Bundesamtes 2020 in Deutschland lebten, ist es auch hinsichtlich der Ernährungskommunikation erforderlich, sich vom Bild einer vermeintlich homogenen deutschen Esskultur zu lösen. Im Alltag migrierter Menschen fungiert Essen vor allem als Traditionswahrer: So herrscht etwa bei Migrierten aus dem osteuropäischen Raum eine deutlich höhere Fleischaffinität und auch der gemeinsam eingenommenen Mahlzeit im familiären Kreis kommt nach wie vor eine hohe Relevanz zu. Eine Vielzahl junger Männer, die aus dem arabischen Raum nach Deutschland migrierten, löst sich auch hinsichtlich der Einnahme ihrer Mahlzeiten unweigerlich aus ihren gewohnten familiären Kontexten. Begleitend zum Prozess der Enkulturation zieht dies die Entstehung neuer Mahlzeitenstrukturen und Essmuster nach sich, wenngleich bestimmte Präferenzen und Wertigkeiten, etwa eine größere Affinität zu Zucker, geringe Toleranz für Alkohol und wenig Nachfrage nach Bio- oder Vollkornprodukten, bestehen bleiben.

Darüber hinaus werden halal und koscher, aber auch die migrantische Küche der Herkunftsländer – sei es nordchinesische, kaukasische oder äthiopische – nicht nur zur »spannenden« Neuentdeckung kulinarisch Reisender, sondern auch zum Identitätsanker der Zugewanderten selbst in ihren neuen Heimatländern. Das religiös korrekte Essen ist zugleich auf dem Vormarsch – gewissermaßen parallel oder gegenläufig zur Ideologisierung »grüner« Esskulturen. Daneben stehen weiterhin jene, die sich unbeeindruckt von allem Currywurst und Dosenraviolo nach dem Prinzip des »best price« einverleiben. Gerade von dieser Warte – Billigpreis-Prekariat und Migration – aus betrachtet, erscheint der Umgang mit dem Fleisch als nicht entschieden: In den Halal-Fleischereien der Metropolen, aber auch in den traditionsorientierten und über Jahrzehnte tradierten Metzgereien der Markthallen wird das Fleisch weitgehend unbeeindruckt von Tierwohl- und Klimarettungs-Debatten mit handwerklichem wie manchmal auch identitätsdemonstrierendem Stolz zur Schau gestellt.

Speisen zur Körper- und Gesundheits-Optimierung

Während die einschlägigen UN- und EU-Institutionen nach der »Planetary Healthy Diet« suchen – ein EU-Kommissar für Planetare Gesundheit wurde noch nicht eingerichtet –, ereignen sich Produktinnovationen mit Gesundheitsversprechen. Hier lässt sich die Überwindung der Angst vor technisch veränderten Lebensmitteln nennen: Medical Food und personalisierte Ernährung sind auf dem Vormarsch, *wearables* wie Smartwatches oder Fitnessarmbänder messen Körperdaten und die Ernährung wird darauf abgestimmt. Die Akzeptanz für solche Optionen steigt, wenn genetische Disposition und damit individuelle Risiken für Diabetes oder Alzheimer identifiziert werden. Sogenannte Hybrid-Produkte, also als gesund deklarierte Lebensmittel, die einmal über natürliche Gesundmacher wie Bio-Vollkorn-Mehl wirken können, die aber auch mit Zusatzstoffen versehen sind – etwa langsam verdauliche Kohlenhydrate für Diabetiker –, erscheinen vor diesem Hintergrund interessant. Modifikationen können etwa über die Zugabe der aus Meeresalgen gewonnenen Enzyme Fuxoxanthin und Fucoidan in das Mehl erfolgen, wodurch die Energiezufuhr gehemmt wird. Auch die Alginsäure steigert das Sättigungsgefühl; so wird selbst Brot zum Functional oder Medical Food.

Hiermit ebenfalls verschränkt ist, dass die Ernährung zum relevanten Körperstyling-Instrument avanciert, denn ein härter umkämpfter Arbeitsmarkt fördert die Entwicklung zur performativen Demonstration von Fitness sowohl in der analogen Welt als auch in den sozialen Netzwerken. Auch hier spiegelt sich die segmentierte Gesellschaft. Protagonistinnen und Protagonisten der Muskel- und Schönheitsfraktion inszenieren sich als vermeintlich authentische Influencerinnen und Influencer. Der Einfluss der Digitalisierung ist vielseitig: In chinesischen Fast-Food-Filialen werden den Kundinnen und Kunden aufgrund einer Gesichtsanalyse automatisierte Menüempfehlungen gemacht. Manchmal drängt sich der Eindruck auf, wir seien fast am Ende der Digitalisierung angekommen, doch die Rechnerleistung steigt exponentiell und offenbar ohne Ende.

Automatisierte Empfehlungen und Algorithmen gewinnen zunehmend an Einfluss auf unsere Ernährung. Hier schließt sich auch der Bogen zur Politik: Die digitale Rückverfolgbarkeit der Anbau- und Produktionsbedingungen vervielfacht die Steuerungs- und Besteuerungsmöglichkeiten des Staates, aber auch die informationsbasierte Verbraucher-Wahlfreiheit. Aber auf welche Informationen legen diese Wert? Gerade mit Blick auf das Kommen und Gehen vieler Food-Trends der vergangenen Jahre verdeutlicht sich, auf welch dünnen Beinen Prognosen in diesem Bereich stehen. Die Nachfrage nach Lebensmitteln ist heute hochelastisch. Die Tatsache, dass Essen verstärkt Moden unterliegt, macht Prognosen zunehmend unzuverlässig: Bubble-Tea, der markante Trend des Jahres 2012, ist weitgehend verschwunden – wie lange werden sich also Smoothies und Superfood halten?

Fazit

Die Ernährungssysteme der Zukunft werden sich einerseits nach ihren wissenschaftlichen, polit-ökonomischen und technologischen Rahmenbedingungen entwickeln, sind aber besonders stark auch von kultureller Determiniertheit abhängig. Dazu zählen die unterschiedlichen nationalen Diskurse um das Thema Grüne Gentechnik ebenso wie politische Reaktionen auf die zunehmende öffentliche Relevanz von tierethischen Fragestellungen. Vor allem aber sind es zwei Parameter, die derzeit kaum kalkulierbar sind; denn einerseits ist offen, mit welcher Frequenz und Vehemenz klimabedingte Extremwetterereignisse die mitteleuropäischen Landwirtschaften und damit Ernährungssysteme in näherer Zukunft treffen. Andererseits ist kaum abzuschätzen, wie die Gesellschaft auf eine sich verschärfende Krisenlage reagieren wird.

Die Zukunft der Ernährung spielt sich jedoch nicht nur im Strukturellen ab, sondern auch auf dem Esstisch – beziehungswiese auf dem, was von ihm übrigbleiben wird. So drängt sich gegenwärtig der Eindruck auf, dass die Mahlzeit für viele vermehrt zum Snack wird, allein eingenommen, zuhause oder unterwegs – aber eben nicht mit jener Regelhaftigkeit, die Mahlzeiten zu eigen ist. Auch an anderer Stelle ist zu erwarten, dass sich bestehende Muster transformieren werden: Der Dreiklang der alten Mahlzeit – Fleisch oder Fisch mit Sauce, dazu eine Sättigungsbeilage – Kartoffeln, Nudeln oder Reis – wird zunehmend aus Gründen der Zeitersparnis durch All-in-One-Gerichte ersetzt. Da nicht nur mehr, sondern auch qualitativ bessere und vielfältigere Convenience-Produkte erhältlich sein werden, ist mit einer Beschleunigung dieses Trends zu rechnen. Zugleich ist es erforderlich, auch hinsichtlich der ethnischen, kulturellen und religiösen Vielfalt, die Konsumierende in Deutschland auszeichnet, über den Tellerrand zu schauen und Abschied vom »deutschen« Essen zu nehmen. So bleiben mit Blick auf die Esstische der Zukunft folgende Fragen: Sind die Individualisierung und Fragmentierung der Lebensstile unumkehrbar? Und wie reagiert die Gesellschaft, wenn aus wohlklingenden klimapolitischen Plänen erzwungener Verzicht auf gewohnte Konsumfreiheiten folgt? Zumindest die Geschichte zeigt die Gefahr, dass der Weg in die unausweichlichen gesellschaftlichen und ökonomischen Transformationen meist steinig und riskant ist.

Literatur

Ermann, Ulrich; Langthaler, Ernst; Penker, Marianne u. a. (2018): Agro-Food Studies. Eine Einführung. Wien; Köln; Weimar: utb

Hansen, Mette Halskov; Li, Hongtao; Svarverud, Rune (2018): Ecological civilization: Interpreting the Chinese past, projecting the global future. In: Global Environmental Change, 53, S. 195–203

Hirschfelder, Gunther; Ploeger, Angelika; Schönberger, Gesa (Hrsg.) (2011): Die Zukunft auf dem Tisch. Analysen, Trends und Perspektiven der Ernährung von morgen. Wiesbaden: Springer

Grossarth, Jan (2018): Die Vergiftung der Erde. Metaphern und Symbole agrarpolitischer Diskurse seit Beginn der Industrialisierung. Frankfurt a. M.: Campus

Meier, Toni; Senftleben, Karolin; Deumelandt, Peter u. a. (2015): Healthcare Costs Associated with an Adequate Intake of Sugars, Salt and Saturated Fat in Germany: A Health Econometrical Analysis. In: PLOS ONE, 10 (9). Online: https://doi.org/10.1371/journal.pone.0135990 [zuletzt abgerufen am 16.01. 2022]

Wittmann, Barbara (2021): Intensivtierhaltung. Landwirtschaftliche Positionierungen im Spannungsfeld von Ökologie, Ökonomie und Gesellschaft (Umwelt und Gesellschaft, Bd. 25). Göttingen: Vandenhoeck & Ruprecht

Wer bestimmt, was wir essen? Eine Bilanz

Gunther Hirschfelder und Alexandra Regiert

Wer bestimmt, was wir essen? Diese Frage wurde aus verschiedenen Perspektiven ergebnisoffen diskutiert. Dabei bestand das Ziel nicht darin, finale Antworten zu finden, sondern die gegenwärtige Ernährung in ihrem historischen Gewordensein zu beleuchten, aktuelle Diskurse und Hintergründe der Lebensmittelproduktion zu ergründen und Tendenzen der Ernährung von morgen aufzuzeigen. Auf Basis dieser Bestandsaufnahmen sind Sie, liebe Leserin, lieber Leser, eingeladen, die eigene Position zu bestimmen und zu reflektieren.

Dabei stellt sich immer wieder die Frage, wen dieses »wir« meint: Die vielstimmige Rede von der »Ernährung in Deutschland« (oder auch in Europa) impliziert einigermaßen homogene Konsum- und Verzehrmuster. Moderne Gesellschaften haben aber keinen solchen Kern mehr. Vielmehr ist von einem multiethnischen und multireligiösen Kollektiv auszugehen, bei dem Szenen eine genauso wichtige Rolle wie Schichten spielen, geprägt durch schillernde Heterogenität und wechselnde Bekenntnisse. Lebensstile prägen die Identität heute in hohem Maße, und die Ernährung ist dabei so wichtig geworden, dass man fast schon von einer Ernährungsstil-Gesellschaft sprechen kann. Es ist schwer, einen Überblick zu bekommen, weil Bekenntnisse und Präferenzen changieren und oft eine kurze Halbwertzeit haben: Nicht selten essen bekennende Vegetarierinnen und Vegetarier phasenweise Fisch, besuchen Verfechter der Nachhaltigkeit Partys, auf denen Fleisch aus dem Discount gegrillt wird, werden begeisterte Carnivoren zu Veganern.

Was genau auf unseren Tellern landet, ist in hohem Maße von kulturellen, schichtspezifischen und individuellen Faktoren abhängig: der Sozialisation, Wert- und Moralvorstellungen, Alter und Gender sind ebenso prägend wie Bildung und Einkommen. So gilt es, sich mit Blick auf gegenwärtige und zukünftige Entwicklungen, etwa die Individualisierung der Lebensformen, den schwindenden Leitbildcharakter der Kleinfamilie oder die Prekarisierung, vom verklärten Bild einer homogenen »deutschen« Esskultur und tradierten Mahlzeitenstrukturen zu verabschieden (▶ Future Food: Trends und Prognosen). Um das bunte Mosaik, das sich als »Wir« zusammenfügt, und damit auch die Heterogenität des Ernährungsverhaltens der Menschen in Deutschland präziser zu erfassen, wären Motive und Handlungsmuster der Konsumierenden sowie damit verwobene soziale Ungleichheiten in empirischen Untersuchungen verstärkt in den Fokus zu rücken. Zudem, so bereits das Einleitungskapitel, wäre es dienlich, differenziertere Modelle zur Klassifizierung von Ernährungstypen zu entwickeln, um kulturelle, ökonomische, ideologische und psychosoziale Faktoren, die Konsumentscheidungen beeinflussen, problem- und lösungsorientiert zu identifizieren, statt allgemeine Ernährungsimperative mit anklagendem Duktus zu artikulieren.

Abb. 1: Die Frage um die »richtige« Ernährung dominiert auch den politischen Diskurs. Bloße Imperative bewirken jedoch kaum eine Veränderung (Quelle: Lars Winterberg).

Traditionen im Wandel

Was wir essen, unterliegt zum einen der großen Prägekraft der Tradition (▶ Essen heute: Praktiken, Diskurse, Widersprüche): Jenseits des Stofflichen bergen Lebensmittel wie Fleisch historisch gewachsene Symbolkräfte und sind mit kulturellen Wertigkeiten aufgeladen, die trotz (negativer) Konnotationsveränderungen in der Ernährungspraxis kaum angefochten werden. Außerdem sind Essen und Trinken mit individuellen und auch kollektiven Erinnerungen verwoben – die vertraute Ernährung spendet besonders in Zeiten der Ungewissheit, der Krise und des Kriegs emotionale Sicherheit. Aufgrund ihrer hohen, bei Diskursen um die vermeintlich richtige Ernährung oftmals unterschätzten Wirkkraft konterkarieren Faktoren wie Tradition und Emotion Ernährungsideale im Alltag oft vehement – die Divergenzen zwischen an Nachhaltigkeit, Tierwohl, Gesundheit und Körperoptimierung orientierten Ernährungskonzepten und tatsächlichen Konsumentscheidungen zeigen das deutlich.

Symbolmächtige Traditionen sind nicht statisch oder originär, sondern ein Überlieferungsfluss, der sich mit historischen Prozessen stetig wandelt (▶ Traditionsmythen: »Deutsche Küche« zwischen Nation, Region und Internationalisierung). Dass auch die Wertigkeiten, die mit bestimmten Nahrungsmitteln und Gerichten verwoben sind, Veränderungen unterliegen, macht der Blick auf Schichtspezifika deutlich: Internationale Kost war bis ins 19. Jahrhundert hinein noch ein Privileg der oberen Schichten – heute sind nicht nur Zitrusfrüchte, mediterrane Süßweine oder Pizza über den Discount vertriebene Massenwaren, sondern sogar Sushi und Tiefseemuscheln. Gleichzeitig knüpfen Food-Trends höherer Bildungs- und Einkommensschichten wie Biokost oder Slow-Food an imaginäre bäuerliche Überlieferungen an. Trotz des Bruchs mit der Tradition der vorindustriellen Zeit, der im Zuge des wissenschaftlichen, wirtschaftlichen und technischen Fortschritts erfolgte, wird die Sehnsucht nach dem vermeintlich »Ursprünglichen«, »Authentischen« und »Natürlichen« heute insbesondere in der sprachlichen Vermarktung von Lebensmitteln bedient. Attribute, die Erinnerungen an ein diffuses »Früher« wecken, lassen die komplexeren Kontexte und Geschichten von Lebensmitteln und Speisen aber verschwimmen. Daher sollten wir anstelle »semantischer Illusionen« eine »neue Sprache« für die Ernährung entwickeln, um als Konsumierende souverän mitbestimmen zu können, was »wir« essen.

Gesund, nachhaltig und schön – Ernährungsimperative in den Medien

Ästhetik ist heute nicht nur bei der Vermarktung von Lebensmitteln wichtig: Das Essen soll zudem dekorativ gestaltet und hinreichend fotogen sein, um auf Social-Media-Kanälen als Chiffre der Selbstinszenierung zu dienen. Viele stellen an die Ernährung auch die Forderung, dass sie die Essenden selbst physisch optimieren soll. Essen ist zum Körperstyling-Instrument geworden, durch das man einen muskulöseren Körper oder eine glattere Haut bekommen möchte. Dabei werden Schönheitsideale postuliert und auf bildfokussierten Plattformen wie Instagram reproduziert, die von den meisten Menschen kaum erreicht werden können.

Besondere Bedeutung kommt dabei Beauty- und Food-Influencern zu (▶ Die Macht der Medien: Schön – stark – gesund). Kooperationen mit Anbietern aus der Lebensmittelbranche oder der Gastronomie sind sowohl für Werbende als auch für deren Kunden lukrativ. Haben Influencer der Beauty- und Fitness-Fraktion durch Food-Hauls oder Produktanpreisungen die Macht, darüber zu bestimmen, was wir essen? Bereits in der Einführung haben wir gesehen, welchen Einfluss Nahbarkeit suggerierende Social-Media-Stars auf das Ernährungsverhalten junger Menschen ausüben; dieser wiegt heute schwerer als etwa der Rat von Fachkräften. Trotz ihres Orientierungswerts haben Influencer jedoch selten die Absicht, ihre Follower über gesunde Ernährung aufzuklären oder deren Essverhalten zu verändern. Vielmehr geht es um die Reproduktion von Körper- und Ernährungsidealen. Die Vorstellung linear ausgeübter Macht gilt es hierbei zu relativieren – schließlich sind Influencer gleichsam von Klicks und Followerzahlen abhängig. Trotz der schillernden Diversität, die soziale Medien etwa durch Bewegungen wie »Body Positivity« verstärkt durchzieht, bleiben Attraktivitätsnormen weitgehend unangetastet. Besonderer Popularität erfreuen sich noch immer jene Protagonistinnen und Protagonisten, die mit ihrem Content den Massengeschmack treffen.

Ernährungsimperative, die sich weniger auf Schönheitsstandards, sondern vordergründig auf umweltpolitische Themen beziehen und damit verbundene Ideale einer tierethischen, regionalen oder saisonalen Ernährung verbreiten, werden vor allem von sogenannten Leitmedien formuliert, die sich durch enge Beziehungsdynamiken zur Politik auszeichnen und denen noch immer die Macht zukommt, über die Relevanz eines Themas zu entscheiden. Dies liegt jedoch weniger in hohen Reichweiten als vielmehr in den auf demokratischen Werten basierenden Qualitätsstandards begründet. Letztlich wirkt die »Macht der Medien« umso geringer, je stärker einzelne Subjekte der Gesellschaft sind. In der Flut digitaler wie analoger Medien gilt es, sich von der Passivität des Sich-berauschen-Lassens zu emanzipieren und stattdessen bewusst Medien heranzuziehen, die sachliche, unaufgeregte Informationsvermittlung bieten – die Kombination aus Wissen, Problembewusstsein und eigenen Erfahrungswerten birgt schließlich auch das Potenzial, Konsumentscheidungen souverän und verantwortungsbewusst zu treffen.

Food from somewhere – Vertrauenskrisen und Regionalisierung

Das romantisch-verklärte Bild kulinarischer Vergangenheiten wird in der Ernährungskommunikation oft in Kontrast zu einer krisenhaft wahrgenommenen Gegenwart gezeichnet – tatsächlich aber war Ernährung im historischen Vergleich nie so sicher, reichhaltig und zugänglich wie heute. Die Ernährungs- und namentlich die Fleischindustrie wird jedoch mit Missständen und Skandalen, mit »Gammelfleisch«, »Rinderwahnsinn« oder verstecktem Pferdefleisch assoziiert (▶ Die Ernährungsindustrie am Pranger). Die Skepsis begann bereits im späten 19. Jahrhundert zu wachsen, als die Selbstversorgung dem Konsumzeitalter wich. In einer globalisierten, beschleunigten und technisierten Welt erstarkt der Wunsch nach vermeintlich echtem, innigem Kontakt mit der Natur als Lebensmittellieferant. Dass diese ursprungsnahe Art der Ernährung eine Chimäre ist, wird den Konsumierenden durch massenmedial dramatisch aufbereitete Lebensmittelskandale einschneidend vor Augen geführt. So ist die aktuelle Vertrauenskrise vor allem auf die Diskrepanz zwischen Ernährungsideal und -praxis zurückzuführen – und zwar sowohl seitens der Produzierenden als auch der Konsumierenden: Erstere beteuern die Unbedenklichkeit ihrer Produkte, inszenieren sie trotz divergierender realer Praktiken als nachhaltig und tierethisch; zugleich verblassen angesichts des geringen Bio-Schweinefleisch-Marktanteils von 0,6 Prozent auch beim Kaufakt der Zweiteren die Ideale einer tierwohlorientierten Ernährung, und durch Nachfragepraxen wird wiederum die Erzeugung der ethisch problematischen Produkte angeregt.

Abb. 2: Mit dem Kauf preisniedriger Fleischprodukte fördern Konsumierende unzureichende Tierhaltungs- und Transportbedingungen (Quelle: Lars Winterberg).

Das Bedeutungswachstum von Regionalem und Ursprünglichem spiegelt sich auch im Diskurs um die zunehmende Globalisierung der Speisekammern (▶ Ernährung im 21. Jahrhundert im Spannungsfeld von Region und Globalisierung). Zwar erhält der globale Norden ganzjährig Zugang zu einer großen Bandbreite an niedrigpreisigen Lebensmitteln, schnell zubereitbaren Convenience-Produkten und Zustelldiensten – aber die vermeintlichen Vorzüge haben auch eine Schattenseite, die zudem das Vertrauen erschüttert: Die räumliche »Entbettung« der Lebensmittel durch globale, undurchsichtige Wertschöpfungsketten sowie der Verlust der Saisonalität durch Transporttechnologien erschweren die Nachvollziehbarkeit von Herkunft und Herstellung der Lebensmittel und verschleiern prekäre Arbeitsbedingungen. So mündet die Forderung nach mehr Transparenz innerhalb der Wertschöpfungsketten in einer zunehmenden Regionalisierung und Ökologisierung der Lebensmittel. Hierdurch erhoffen sich zumindest Besserverdienende – auch beim Kauf regionaler, meist höherpreisiger Produkte spielt das Einkommensniveau eine Rolle – Kontrollmacht über das, was sie essen, zurückzuerlangen. Besondere Bedeutung haben nachhaltige Food-Bewegungen, zivilgesellschaftliche Netzwerke, Konzepte von Fair Trade sowie neue Initiativen in der Lebensmittelwirtschaft, die eine auf gemeinsamen Werten und Visionen basierende Kooperation beteiligter Akteure fördern. Gleichwohl wird das industrielle Lebensmittelsystem trotz des Trends zu mehr Transparenz und Regionalität voraussichtlich bestehen bleiben – Sozial- und Umweltgerechtigkeit sollen hier durch öffentliche und private Zertifizierungen eingefordert werden; überdies bilden sich schon jetzt Formen heraus, die zwischen den Polen globalisierter Massenproduktion und regionalen Wertschöpfungsketten verortet sind.

Rückgrat der Wirtschaft und der Einfluss des Individuums

Antworten auf die Frage, wer bestimmt, was wir essen, finden sich vor allem in sich wandelnden moralisch-ethischen Auffassungen der Gesellschaft, die als Triebkraft einer diskursiven und zunehmend auch realen Änderung der Ernährung in Deutschland wirken. Das schlägt sich auch in der Lebensmittelbranche nieder: So bietet etwa der Lebensmittelsektor mit den Gliedern seiner Wertschöpfungsketten das politische Potenzial, nachhaltige Veränderungen voranzutreiben (▶ Business Lebensmittelsektor: Was passiert zwischen Acker und Teller?). Die Glieder der Ketten sind nicht voneinander isoliert, sondern miteinander verzahnt, sie unterliegen stetigen wechselseitigen Beeinflussungen und sind in ihren Dynamiken auch von der Nachfrage der Konsumierenden abhängig. Tatsächlich tritt das bereits im Titel dieses Buches enthaltene Spannungsfeld zwischen Markt und Moral im Lebensmittelsektor besonders markant zutage: Obgleich in medialen Nachhaltigkeits-, Tierwohl- und Fairnessdiskursen dezidiert gefordert wird, Produkte zu kaufen, die mit diesen Werten vereinbar sind, scheitert dies in der Praxis meist an mangelnder Zahlungsbereitschaft oder -kraft, fehlenden Informationen sowie der Macht von Gewohnheit und Tradition. Aber Wandel bahnt sich an: Pflanzenbasierte Fleisch- und Milchersatzprodukte haben auch aufgrund des Trends zu Vegetarismus und Veganismus Potenzial. Das zeigt etwa das Familienunternehmen »Rügenwalder Mühle«, das seit den 1830er-Jahren Wurstwaren produziert, seit 2020 aber mehrheitlich und überaus erfolgreich vegetarische Fleischersatzprodukte anbietet. Schließlich ist zu fragen, ob der Lebensmittelsektor nicht sogar Potenzial hat, Veränderungen ohne direkte staatliche Interventionen voranzutreiben: Wenn der Handel fortan nur noch Fleisch höherer Tierwohlstufen vermarktet, sind Schweineerzeuger gezwungen, höhere Investitionen zu tätigen – dieses

Beispiel zeigt, dass auch einzelne Glieder der Wertschöpfungskette Veränderungen im Sektor vorantreiben können.

Aber inzwischen interveniert auch die Politik selbst zunehmend, um den Lebensmittel- und Agrarsektor klimagerechter zu gestalten: Im Rahmen des »Green New Deal« der Europäischen Union werden etwa tierethische Aspekte gefördert, Flächen ausgebaut und ökologisch bewirtschaftet sowie der Einsatz von Düngemitteln und Pestiziden minimiert. Diese Ambitionen ziehen allerdings höhere Investitionen seitens der Betriebe, geringere Produktionsmengen und steigende Lebensmittelpreise nach sich. Das wirft die im gesamten Band vielfach aufkommende Frage auf, wie eine nachhaltigere Lebensmittelbranche gestaltet werden kann, ohne bestehende Klüfte zwischen sozialen Schichten zu vertiefen.

Potenziale ernährungspolitischer Interventionen

Die Suche nach einer Antwort auf die Frage, wer bestimmt, was wir essen, muss schließlich auch die Rolle des Staates ins Visier nehmen (▶ Da geht mehr: Plädoyer für eine ambitionierte Ernährungspolitik). Die Verantwortung zur Gestaltung einer fairen, nachhaltigen und gesundheitsbewussten Ernährung wurde bislang vor allem von einzelnen Akteuren übernommen, während das Potenzial politischer Interventionen allenfalls ansatzweise ausgeschöpft wurde. Das liegt in den besonders in Deutschland polarisierenden Debatten um die Frage begründet, ob staatliche Eingriffe das in einer liberalen Gesellschaft hochgehaltene Recht auf Selbstbestimmung nicht zu stark einschränken. Dem ist entgegenzuhalten, dass die Freiheit des Einzelnen dort endet, wo die des Anderen beginnt – dies gilt für die monströsen gesellschaftlichen Folgekosten gesundheitsschädlicher Ernährung ebenso wie für Konsequenzen klimaschädigender Konsummuster. Allerdings kann man optimistisch auf die wachsende Akzeptanz für zentraldirigistische Maßnahmen verweisen – viele sind durchaus bereit, für Umwelt und Klima Opfer zu bringen. Drei ernährungspolitische Instrumente sind hervorzuheben, da sie Einfluss auf das Essverhalten nehmen können: Während weiche, entscheidungsunterstützende Maßnahmen vor allem durch Ernährungsbildung oder Labeling für verantwortungsbewusste Kaufentscheidungen sensibilisieren sollen, verändern entscheidungslenkende Maßnahmen wie Nudging oder Subventionen direkt das Konsumverhalten. Durch Beschränkungen schließlich werden als negativ erachtete Optionen mittels ordnungsrechtlicher Bestimmungen ausgeschlossen, z. B. durch Vorgaben zur Veränderung von Rezepturen, die Festlegung von Qualitätsstandards in der Schulverpflegung oder durch das Verbot des Alkoholverkaufs an unter 16-Jährige. Um unerwünschte Konsummuster effizient einzudämmen, bedarf es aufgrund der begrenzten Wirkkraft einzelner Maßnahmen einer Kombination der Instrumente – durch einen effizienten Mix konnten bspw. bereits in der Tabakpolitik positive Effekte erzielt werden.

Ausblick

Die Beiträge unseres Sammelbandes zeigen, dass Antworten auf die Frage, wer bestimmt was wir essen, in der engen Verwobenheit von historischen Prägekräften, wirtschaftlichen Dynamiken, politischen Interventionen, medial vermittelten Idealen und individuellen Entscheidungen liegen. Dabei verlaufen Entscheidungsprozesse nicht linear, nicht vom Produzierenden zum Konsumierenden, nicht vom »Wer« zum »Wir«, sondern kreuz und quer zwischen einzelnen Individuen einer heterogenen Gesellschaft, zwischen Social Media, Boulevard- und Leitmedien, der Wirtschaft und dem Staat. In Zeiten gravierender humanitärer, ökologischer und ökonomischer Krisen müssen Verantwortungen unter diesen Akteuren jedoch unterschiedlich hoch gewichtet sein: So obliegt es vor allem dem Staat, demokratische Lösungen aufzuzeigen und durch Einflussahme auf die Ernährungsindustrie und das -verhalten der Menschen die Schwere dieser Krisen zu mindern oder sogar Auswege zu identifizieren. Für viele Konsumierende ist die Gestaltung der täglichen Ernährung durch Nachhaltigkeits- und Schönheitsimperative, mangelnde Kaufkraft, Überforderung und fehlendes Vertrauen in Hersteller und Politik von Ohnmachtsempfindungen geprägt. Demokratische Teilhabe an Entscheidungsprozessen birgt das Potenzial zur Emanzipation aus diesem Korsett an einengenden Vorgaben: Nicht durch bloße Imperative, sondern durch gut begründete ernährungspolitische Maßnahmen, deren Bestehen auch von der Akzeptanz der Bevölkerung abhängig sein muss, können nachhaltige Veränderungen bewirkt werden. Angesichts einer sozialen Schere, die sich immer weiter öffnet, ist es außerdem unabdingbar, Ernährungsdiskurse nicht vom Plateau ökonomischer Privilegiertheit aus zu führen, sondern besonderes Augenmerk auf die Frage zu richten, wie soziale Gerechtigkeit und der Anspruch auf Tierwohl und Nachhaltigkeit realpolitisch vereinbart werden können.

Verzeichnis der Autorinnen und Autoren

Jan Grossarth ist Professor für Bioökonomie an der Hochschule Biberach. An der LMU München ist er zudem Mitarbeiter im Forschungsprojekt »Vorsorge und Innovation in der Bioökonomie«. Er promovierte an der Universität Regensburg über agrarpolitische Diskurse und war als Redakteur der Frankfurter Allgemeinen Zeitung sowie als Medien-Stabstellenleiter im Bundesagrarministerium tätig.

Gunther Hirschfelder ist Professor für Vergleichende Kulturwissenschaft an der Universität Regensburg. Sein Forschungsschwerpunkt liegt auf der kulturwissenschaftlichen Ernährungs- und Agrarforschung in historischer und gegenwärtiger Perspektive.

Julia Höhler ist Assistant Professor an der Universität Wageningen (Niederlande). Ihre Forschungsschwerpunkte liegen in den Bereichen Entscheidungsverhalten, Unternehmensorganisation und Nachhaltigkeit in Wertschöpfungsketten für Lebensmittel.

Alexandra Regiert ist Kulturwissenschaftlerin mit Schwerpunkten im Bereich der Frauen- und Geschlechterforschung und promoviert derzeit an der Universität Regensburg über den Wandel von Paarbeziehungen in der zweiten Hälfte des 20. Jahrhunderts.

Markus Schermer ist Professor für Agrar- und Regionalsoziologie an der Universität Innsbruck. Seine Forschungsschwerpunkte liegen u. a. in gesellschaftlichen Entwicklungen in Lebensmittelproduktion und -konsum, territorialen Ansätzen der Regionalentwicklung sowie der Stellung von Bäuerinnen und Bauern in der Gesellschaft.

Veronika Settele ist eine Historikerin des 19. und 20. Jahrhunderts, die sich für gesellschaftliche Umbrüche und die Wurzeln unserer Zeit interessiert. Ihr Buch *Revolution im Stall. Landwirtschaftliche Tierhaltung in Deutschland 1945–1990* wurde mehrfach ausgezeichnet. Aktuell arbeitet sie zur Geschichte der Sexualität im 19. Jahrhundert.

Uwe Spiekermann ist Wirtschafts- und Sozialhistoriker mit Forschungsschwerpunkten in der Konsum- und Unternehmensgeschichte des 19. und 20. Jahrhunderts. Zuletzt erschienen *Künstliche Kost. Ernährung in Deutschland, 1840 bis heute* sowie der von ihm herausgegebene Sammelband *Jewish Consumer Cultures in 19th and 20th Century Europe and North America.*

Achim Spiller ist Professor für »Marketing für Lebensmittel und Agrarprodukte« an der Georg-August-Universität Göttingen. Seine Forschungsschwerpunkte liegen in den Bereichen Konsumentenverhalten, Nachhaltigkeitsmanagement, Animal Welfare und Supply Chain Management im Agribusiness.

Anke Zühlsdorf ist geschäftsführende Gesellschafterin der Zühlsdorf + Partner Agentur für Verbraucherforschung und Lebensmittelmarketing in Göttingen und Lehrbeauftragte an der Georg-August-Universität Göttingen. Ihre Arbeitsschwerpunkte liegen in der ernährungsbezogenen Konsumforschung, der Produktkennzeichnung und der Qualitätskommunikation bei Lebensmitteln.